Projeto LUMIRÁ

LÍNGUA PORTUGUESA 3

Organizadora: Editora Ática S.A.
Obra coletiva concebida pela Editora Ática S.A.
Editora responsável: Heloisa Pimentel

Material de apoio deste volume:

- Caderno de Atividades

editora ática

editora ática

Diretoria editorial
Lidiane Vivaldini Olo
Gerência editorial
Luiz Tonolli
Editoria de Língua Portuguesa
Mirian Sancore de Oliveira Senra
Edição
Francisca Tarciana Morais da Silva e Solange de Oliveira
Gerência de produção editorial
Ricardo de Gan Braga
Arte
Andréa Dellamagna (coord. de criação),
Talita Guedes (progr. visual de capa e miolo),
Leandro Hiroshi Kanno (coord. de arte),
Tomiko Chiyo Suguita (editora de arte) e
Lívia Vitta Ribeiro, Casa de Tipos (diagram.)
Revisão
Hélia de Jesus Gonsaga (ger.),
Rosângela Muricy (coord.),
Ana Curci, Paula Teixeira de Jesus,
Vanessa de Paula Santos e Brenda Morais
e Gabriela Miragaia (estagiárias)
Iconografia
Sílvio Kligin (superv.),
Denise Durand Kremer (coord.),
Karina Tengan (pesquisa),
Cesar Wolf e Fernanda Crevin (tratamento de imagem)
Ilustrações
Estúdio Icarus CI – Criação de Imagem (capa),
Adilson Farias, Elisabeth Teixeira,
Fabiana Salomão, Filipe Rocha, Hagaquezart Estúdio,
Pedro Hamdan, PriWi, Regina Mizuno,
Vicente Mendonça, Weberson Santiago (miolo),
Adilson Farias, Klayton Luz (Caderno de Atividades)
Cartografia
Eric Fuzii e Márcio Souza

Direitos desta edição cedidos à Editora Ática S.A.
Avenida das Nações Unidas, 7221, 3º andar, Setor A
Pinheiros – São Paulo – SP – CEP 05425-902
Tel.: 4003-3061
www.atica.com.br / editora@atica.com.br

Dados Internacionais de Catalogação na Publicação (CIP)
(Câmara Brasileira do Livro, SP, Brasil)

Projeto Lumirá : língua portuguesa : 1º ao 5º ano / obra coletiva da Editora Ática ; editor responsável Heloisa Pimentel . – 2. ed. – São Paulo : Ática, 2016. – (Projeto Lumirá : língua portuguesa)

1. Português (Ensino fundamental) I. Pimentel, Heloisa. II. Série.

16-01316 CDD-372.6

Índice para catálogo sistemático:
1. Português : Ensino fundamental 372.6

2016

ISBN 978 85 08 17878 0 (AL)
ISBN 978 85 08 17879 7 (PR)

Cód. da obra CL 739158

CAE 565 985 (AL) / 565 986 (PR)

2ª edição
1ª impressão

Impressão e acabamento
Corprint Gráfica e Editora Ltda.

Elaboração de conteúdo

Fernanda Glaessel Ramalho
Licenciada em Pedagogia pela Universidade de São Paulo
Responsável por programas de formação de professores, coordenadores e diretores da Secretaria Municipal de Educação de São Caetano do Sul (SP)
Autora dos programas Matemática em Jogo (Pensarte) e Magia de Ler (Melhoramentos)

Karla Fernandes Gordo
Licenciada em Pedagogia pela Universidade Paulista (Unip-SP)
Professora do Ensino Fundamental da rede particular de ensino de São Paulo

Paula Saretta
Mestra em Psicologia Escolar pela PUC-Campinas (SP)
Doutora em Educação pela Universidade Estadual de Campinas (SP)
Aperfeiçoamento em Orientação à Queixa Escolar pela Universidade de São Paulo
Docente na educação superior e consultora em Psicologia e Educação

Ricardo Gonçalves Barreto
Bacharel e licenciado em Letras pela Universidade Mackenzie (SP)
Mestre e doutor em Letras pela Universidade de São Paulo
Autor de livros didáticos e consultor em Educação

Projeto LUMIRÁ

Este é o seu livro de **Língua Portuguesa do 3º ano**.

Escreva aqui o seu nome:

....

....

Este livro vai ajudar você a investigar o mundo e a descobrir mais sobre o universo da leitura e da escrita.

Bom estudo!

Caro aluno

Você está começando seu ano escolar. Ao longo desse tempo, você vai aprender coisas novas e importantes para o seu dia a dia e para o futuro, como:

- ler e escrever, reconhecendo palavras, sons e textos;
- identificar números, operações e figuras;
- conhecer o corpo humano, os animais e a natureza;
- desvendar o lugar em que vivemos;
- entender a história das pessoas e das cidades.

O **Projeto Lumirá** vai ser seu companheiro. Nele você vai encontrar textos, atividades, jogos, ilustrações e fotografias muito interessantes. Você vai aprender, participar das descobertas e se divertir muito.

Bom estudo!

Adison Farias/Arquivo da editora

COMO É O MEU LIVRO?

- Este livro tem quatro Unidades, cada uma delas com três capítulos. No final, na seção **Para saber mais**, há indicações de livros, vídeos e *sites* para complementar seu estudo.

ABERTURA

Você observa a imagem, responde às questões e troca ideias com os colegas e o professor sobre o que vai estudar.

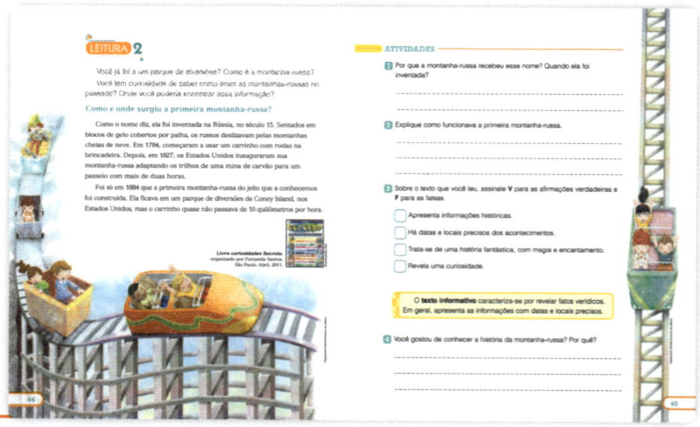

LEITURA E ATIVIDADES

Aqui você vai ler e ouvir diferentes textos. Depois, as atividades de leitura ajudarão você a entender e a aprender mais sobre o que leu e ouviu.

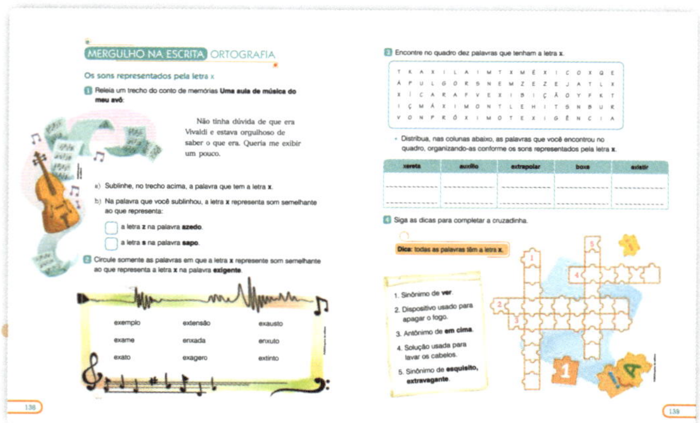

MERGULHO NA ESCRITA

Você vai refletir sobre a escrita, conhecer melhor a língua portuguesa e aprender mais sobre gramática e ortografia.

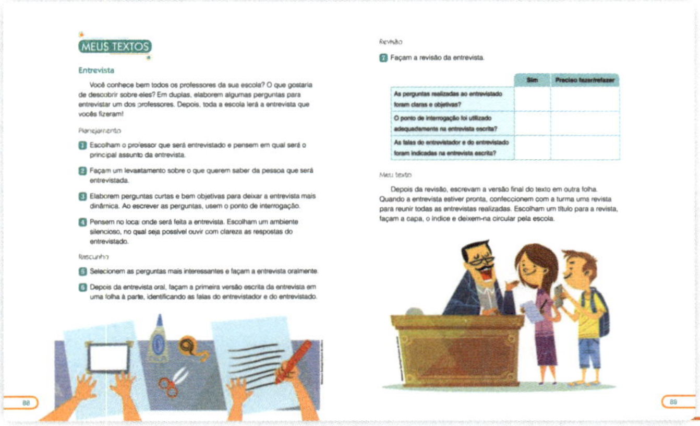

MEUS TEXTOS

Aqui você produzirá seu próprio texto com planejamento, revisão do que escreveu ou conversou e apresentação do texto final.

ÍCONE

Atividade oral

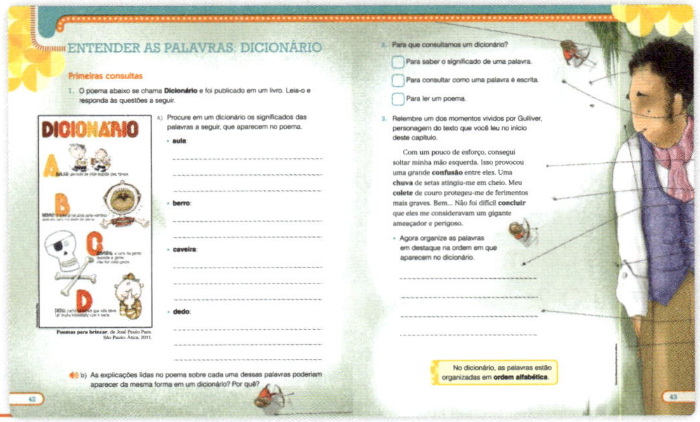

ENTENDER AS PALAVRAS: DICIONÁRIO

Você vai aprender a usar o dicionário e entender melhor como ele funciona.

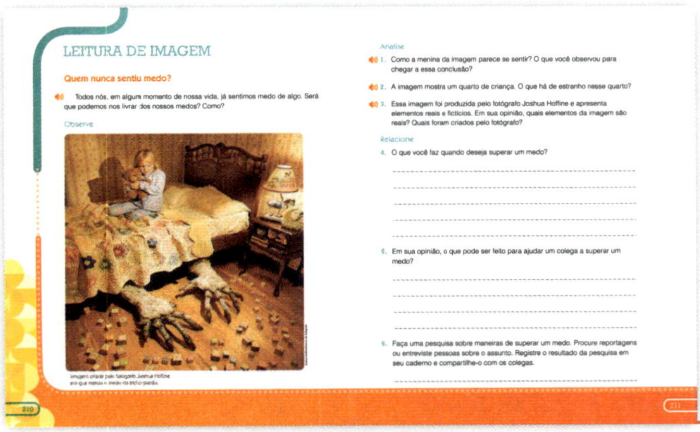

LEITURA DE IMAGEM

Aqui você vai fazer um trabalho com imagens. As fotografias ajudam você a refletir sobre os temas estudados: o que é parecido com seu dia a dia, o que é diferente.

O QUE APRENDI?

Aqui você encontra atividades para pensar no que aprendeu, mostrar o que já sabe e refletir sobre o que precisa melhorar.

SUMÁRIO

UNIDADE 1

UNIDADE 2

UNIDADE 3

QUANTO TEMPO O TEMPO TEM?

UNIDADE 4

MEDO DE QUÊ?

UNIDADE 1

DESCOBERTAS INCRÍVEIS

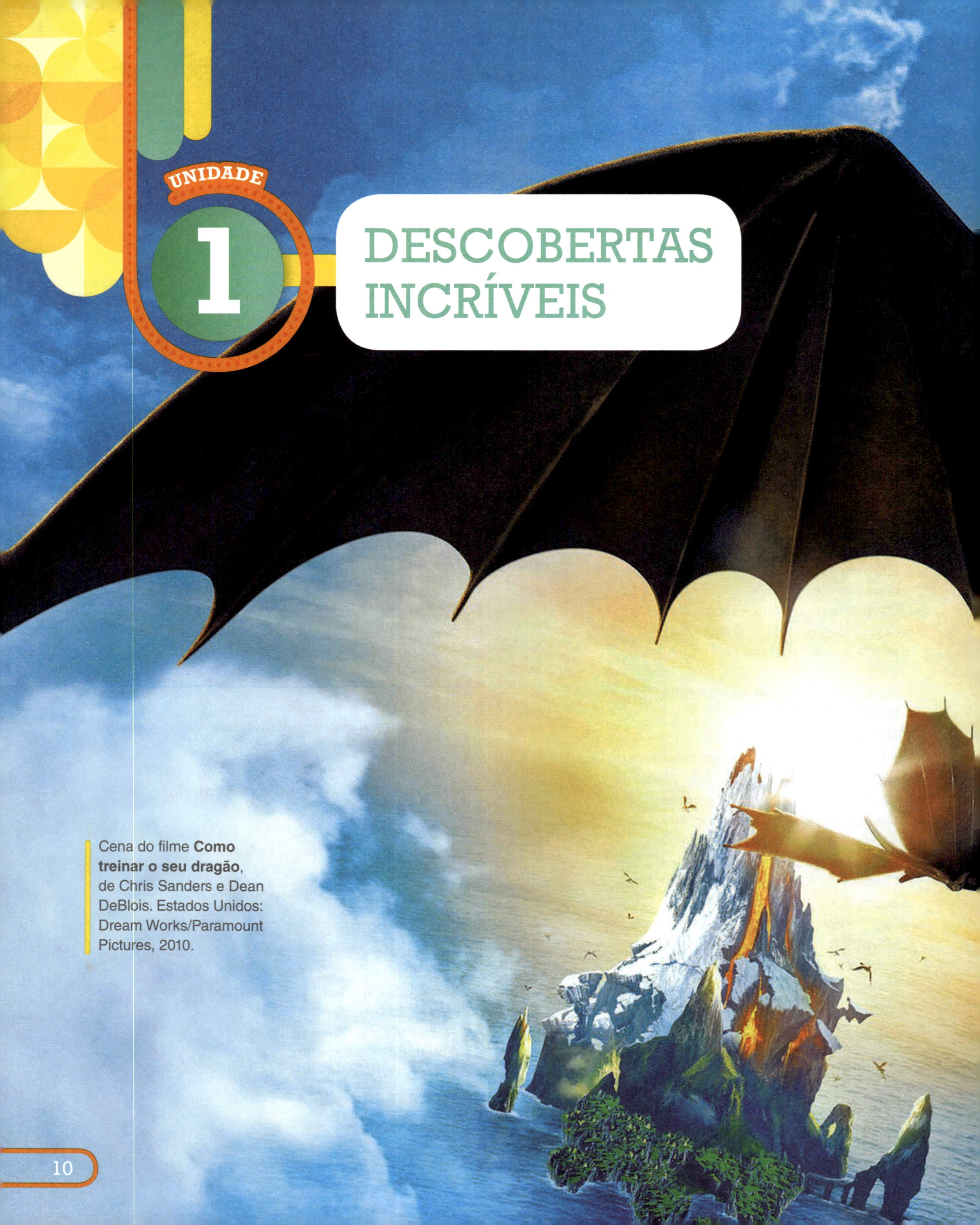

Cena do filme **Como treinar o seu dragão**, de Chris Sanders e Dean DeBlois. Estados Unidos: Dream Works/Paramount Pictures, 2010.

Dreamworks Animation/The Kobal Collection/Agência France-Presse

- Você gosta de aventuras? E de histórias de aventura?
- Qual é a melhor história de aventura que você conhece?
- Esta imagem mostra a cena de um filme de aventura. Você já assistiu a esse filme?
- O que você lembra a respeito desse filme ou o que você imagina que acontece nele?

CAPÍTULO 1

MINHAS DESCOBERTAS

LEITURA 1

Você tem ou já teve um diário? Sabe por que as pessoas escrevem diários? Se ainda não tinha pensado sobre isso, observe com atenção o texto e as imagens a seguir. Leia a seguir trechos das primeiras páginas do diário de um menino chamado Greg.

Diário de um banana

SETEMBRO

Terça-feira

Em primeiro lugar, quero esclarecer uma coisa: isto é um LIVRO DE MEMÓRIAS, não um diário. Eu sei o que diz na capa, mas, quando a mamãe saiu para comprar essa coisa, eu disse ESPECIFICAMENTE que queria um caderno sem a palavra "diário" escrita nele.

[...]

A outra coisa que eu quero esclarecer agora mesmo é que isso foi ideia da minha MÃE, não minha. Mas, se ela acha que eu vou escrever meus "sentimentos" aqui ou coisa do tipo, ela está louca. Então, só não espere que eu seja todo "Querido Diário" isso, "Querido Diário" aquilo.

A única razão de eu ter aceitado isso é porque imagino que, mais para a frente, quando eu for rico e famoso, vou ter coisas melhores para fazer do que ficar respondendo a perguntas bestas o dia inteiro. Daí este livro vai vir a calhar.

Jeff Kinney/V&R Editoras

V&R Editoras/Arquivo da editora

Diário de um banana: um romance em quadrinhos, de Jeff Kinney. São Paulo: Vergara & Riba, 2008. p. 1-2.

Jeff Kinney

Nasceu em 1971 na cidade de Fort Washington, Maryland, nos Estados Unidos.

A sua série **Diário de um banana** tem dez livros, com o mais recente deles lançado em 2015. Muitas crianças ao redor do mundo conhecem e leram esses livros, que já foram traduzidos para mais de 25 línguas! Neles, o personagem Greg Heffley conta suas desventuras em casa e na escola.

Além dos livros, também já foram lançados dois filmes sobre a série: **Diário de um banana** (2010) e **Diário de um banana: Rodrick é o cara** (2011).

Oliver Berg/dpa/Corbis/Latinstock

ATIVIDADES

1 O personagem do texto acaba de ganhar um diário. Você já teve ou tem um? O que gostava ou gosta de escrever nele? Se não teve, para que você acha que serve um diário?

____

____

____

2 Quais são as informações que o autor do diário usa para iniciar seu texto? Assinale as respostas corretas com um **X**.

- [ ] dia
- [ ] ano
- [ ] local
- [ ] mês
- [ ] horário

3 O autor do diário diz que não vai escrever sobre seus sentimentos. Sobre que assuntos é possível escrever em um diário?

____

____

____

____

4 Por que você acha que o autor do diário não queria que a palavra **diário** aparecesse na capa?

PriWi/Arquivo da editora

5 Gregory acha que um dia seu diário será útil. Por quê?

6 Releia os balões de fala.

Jeff Kinney/V&R Editoras

- Essa situação aconteceu de verdade com Greg? Explique.

7 No início da página, Greg usa letras maiúsculas para escrever as palavras **livro de memórias** e **especificamente**. Por que ele fez isso?

8 Releia o início do diário de Greg e assinale todos os elementos que o menino usou para escrevê-lo.

- [ ] foto
- [ ] desenho
- [ ] diferentes tipos de letra
- [ ] travessão
- [ ] balão de fala
- [ ] cores diferentes

9 **Diário de um banana** apresenta uma história da imaginação: o menino Greg e os outros personagens que aparecem no livro não existem na vida real. Quem criou esses personagens e o texto?

10 Se encontrasse um diário real que tivesse sido perdido pelo dono, você o leria? Comente com os colegas.

11 Quem costuma ser o leitor de diários reais?

12 Por que você acha que esse livro se chama **Diário de um banana**? Levante hipóteses.

13 Em sua opinião, o personagem Greg se preocupa com a possibilidade de que alguém leia o diário dele? Explique.

14 Imagine que você tenha ganhado um diário de presente. Você ficaria animado ou ficaria chateado, como Greg?

____

- Escreva a primeira página do seu diário mostrando suas impressões sobre esse fato. Além disso, você pode falar sobre sua rotina ou sobre aventuras que viveu ou imaginou! Se quiser, inclua uma saudação no início e faça desenhos.

MERGULHO NA ESCRITA ORTOGRAFIA

As sílabas ca, co, cu e ce, ci

1 No trecho a seguir, faça um traço embaixo de todas as palavras que tenham a letra **c** seguida de vogal.

> Em primeiro lugar, quero esclarecer uma coisa: isto é um LIVRO DE MEMÓRIAS, não um diário. Eu sei o que diz na capa, mas, quando a mamãe saiu para comprar essa coisa, eu disse ESPECIFICAMENTE que queria um caderno sem a palavra "diário" escrita nele.

- A letra **c** representa o mesmo som em todas as palavras que você marcou?

2 Em cada conjunto abaixo, há uma palavra intrusa. Identifique-a pelo som que a letra **c** representa em cada uma delas e circule-a.

a) cipó – cebola – coisas – cena – ciúme

b) casa – cinema – comida – coelho – cadeira

c) colegas – cozinha – caminho – cores – cesta

> A letra **c** não é pronunciada sempre do mesmo jeito. O som que a letra **c** representa antes das vogais **a**, **o** e **u** é diferente do som que a letra **c** representa antes das vogais **e** e **i**. Dessa forma, considerando esses diferentes sons, temos dois grupos de sílabas: **ca**, **co**, **cu** e **ce**, **ci**. Observe:
>
> - **ca**rtola, **co**bertura, **cu**bo.
> - **ce**ra, **ci**dade.

PrWi/Arquivo da editora

3 Troque a segunda letra de cada palavra do quadro abaixo e forme novas palavras.

	a	e	i	o	u
cera					
calada					
cinto					
cenário					

- Releia as palavras formadas no quadro e faça o que é pedido.

a) Em quais palavras o som que a letra **c** representa mudou depois da troca da segunda letra? Assinale-as no quadro com um **X**.

b) Escreva outras palavras em que a letra **c** represente o mesmo som encontrado nas palavras **cera**, **cinto** e **cenário**.

c) Escreva outras palavras em que a letra **c** represente o mesmo som encontrado nas palavras **casa**, **colega** e **cultivo**.

4 O que você concluiu sobre os sons que a letra **c** representa?

MERGULHO NA ESCRITA GRAMÁTICA

Divisão silábica e número de sílabas

1 Reúna-se com um colega e leia para ele as palavras a seguir. Ao fazer a leitura, preste atenção à quantidade de grupos de sons em cada palavra. Depois, escreva cada sílaba (grupo de som) em um quadrinho. Pinte os quadrinhos que sobrarem.

a) mãe				
b) circo				
c) floresta				
d) trapezista				

2 Complete a cruzadinha silábica.

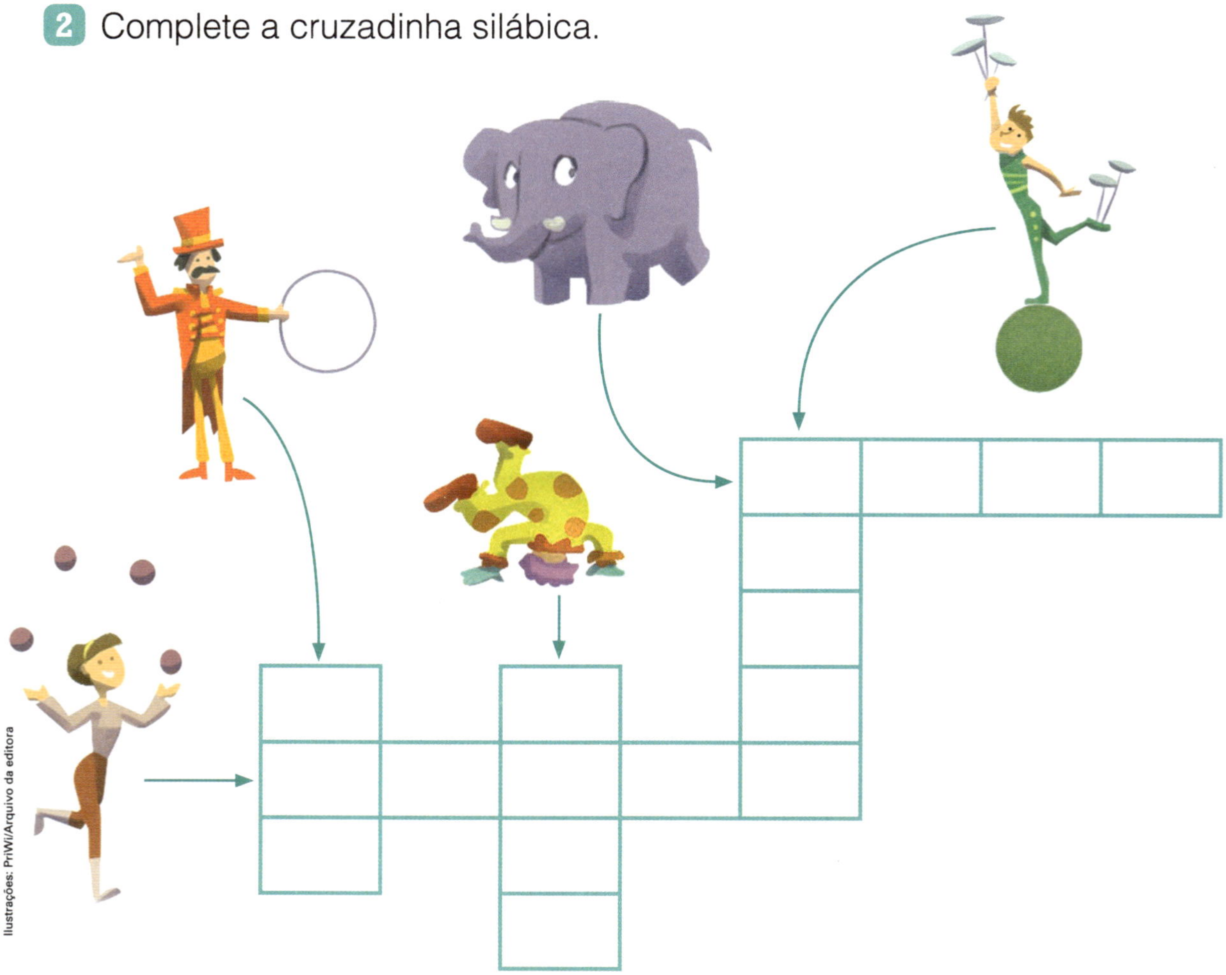

Ilustrações: PriWi/Arquivo da editora

3 Junte as sílabas com cores iguais e forme palavras.

DER	CAM	LE	CA
MUI	MÊS	BA	
LHO	CA	MI	NHO
NO	VOU	TA	TO

- Escreva as palavras que você formou no quadro abaixo de acordo com o número de sílabas:

1 sílaba (monossílaba)	2 sílabas (dissílaba)	3 sílabas (trissílaba)	4 sílabas ou mais (polissílaba)

As palavras podem ser classificadas, quanto ao número de sílabas, em:

- **monossílabas**: palavras de uma sílaba. Exemplos: **mão**, **pai**, **pá**.
- **dissílabas**: palavras de duas sílabas. Exemplos: **trovão**, **circo**, **tenda**.
- **trissílabas**: palavras de três sílabas. Exemplos: **amigo**, **gaveta**, **presente**.
- **polissílabas**: palavras de quatro ou mais sílabas. Exemplos: **elefante**, **malabarista**, **trapezista**.

4 Relacione as colunas.

1	palavra monossílaba	( )	cavalo
2	palavra dissílaba	( )	cão
3	palavra trissílaba	( )	gato
4	palavra polissílaba	( )	hipopótamo

PriWi/Arquivo da editora

LEITURA 2

Você gosta de viajar e de conhecer novos lugares?
Leia o relato de viagem abaixo e desperte a sua imaginação!

Antártica: um mundo feito de gelo

A Antártica é pra lá do fim do mundo. Fim do mundo? Pra cima ou pra baixo? Pra baixo, pois pra cima fica o Ártico.

Na verdade, ela nem fica tão longe assim. É que quase ninguém vai até lá, por isso ela fica ainda mais distante no pensamento da gente.

Para encurtar este pensamento, embarquei num veleiro e parti para esse continente branco e desconhecido. Queria ver de perto as tais terras geladas, e principalmente os seus habitantes, os animais que vivem lá no frio.

Antes de partir, enfiei numa grande mala muitas roupas de frio: calças, casacos, gorros, luvas, botas e meias bem grossas. Em outra mala coloquei todo o meu equipamento fotográfico, porque sou fotógrafa e queria registrar tudo o que encontrasse pela frente.

Peguei um voo do Brasil até Buenos Aires, a capital da Argentina. Estava muito ansiosa, mas eu sabia que ainda estava bem longe do meu sonhado destino. De Buenos Aires peguei outro avião, que fez uma escala no isolado deserto da Patagônia — para então rumar até Ushuaia, a cidade mais ao sul da Terra, bem na pontinha da América do Sul.

continente: grande massa de terra cercada pelas águas de oceanos.
veleiro: embarcação movida a vela.

Picos de montanhas na Antártica.

Paul Souders/Corbis/Latinstock

Weberson Santiago/Arquivo da editora

Depois dela, só mesmo a Antártica. A pequena cidade fica espremida entre o canal de Beagle e montanhas altíssimas. Seu porto recebe todas as embarcações que estão de partida para a Antártica [...]. Ao chegar à baía, deparei com uma barulhenta colônia de pinguins. Que algazarra eles fazem! Todo mundo grita ao mesmo tempo. Descobri que existem várias espécies de pinguins. Eu estava diante dos pinguins-papua. Logo percebi que os animais da Antártica são muito dóceis. Eles não têm medo dos homens e são muito curiosos. Então foi só chegar devagarinho e sem fazer barulho que em pouco tempo eu estava rodeada por milhares de pinguins, como se fizesse parte da colônia.

O verão é a época do ano em que os pinguins estão cuidando de seus pequenos filhotes. O casal se divide nas tarefas: enquanto um deles vai para o mar em busca de alimento, o outro fica em terra tomando conta dos filhotes. Mas como o pinguim que foi para o mar faz para reconhecer o seu par na volta se eles todos são tão iguais? Um pouco pela aparência, mas principalmente pelo som! Nossa, é por isso que eles gritam tanto!

Mas eles gritam também por outro motivo: para afastar as *skuas*. As *skuas* são aves predadoras dos pinguins. Elas fazem voos rasantes sobre as colônias para tentar atacar um ovo descoberto ou até mesmo um filhotinho que tenha se afastado um pouco dos pais [...].

Passamos longos dias vendo apenas céu e mar, um horizonte infinito, além de alguns pássaros e baleias. De repente, alguém grita: "Nossa, uma árvore!". Só então nos demos conta do mundo tão diferente que estávamos deixando para trás: em mais de sessenta dias não vimos uma só árvore, um carro, um cachorro. Estávamos deixando para trás o fantástico mundo gelado.

baía: em um trecho de litoral, é uma cavidade por onde entra o mar que é mais larga no interior do que na entrada.

predador: ser que caça outros seres, em geral para sua alimentação.

rasante: voo praticado a uma altura muito baixa, próximo da superfície do solo ou da água.

Weberson Santiago/Arquivo da editora

Reprodução/Ed. Companhia das Letrinhas

Antártica: um mundo feito de gelo, de Maristela Colucci. São Paulo: Companhia das Letrinhas, 2007. (Adaptado).

ATIVIDADES

1 Leia as frases a seguir e pinte aquelas que, de acordo com o texto, estão corretas e têm relação com o comportamento dos animais na Antártica.

PriWi/Arquivo da editora

1º	Na Antártica, os animais fogem dos homens porque não estão acostumados com eles.
2º	Os animais antárticos não têm medo dos homens.
3º	Os animais da Antártica vivem solitários e têm medo dos homens.
4º	Os animais da Antártica são dóceis e curiosos.

2 Segundo o texto, quais seriam os motivos que fazem os pinguins gritarem tanto na Antártica?

____

____

____

____

____

____

3 A fotógrafa Maristela Colucci foi à Antártica em que época do ano?

- [ ] outono
- [ ] verão
- [ ] inverno
- [ ] primavera

4 Com base no texto, descreva as características das *skuas*.

____

____

____

____

5 O que Maristela levou na bagagem?

____

____

____

6 A fotógrafa usa a expressão "fantástico mundo gelado" para se referir a que lugar? Por que, em sua opinião, ela usa essa expressão?

7 Ao deixarem a Antártica, o que chamou a atenção dos viajantes? O que eles perceberam de diferente?

____

____

____

O **relato de viagem** é um texto em que alguém conta como foi uma viagem que realizou, apresentando informações como descrições de lugares que visitou, datas, curiosidades e outras questões que possam interessar ao leitor.

MERGULHO NA ESCRITA GRAMÁTICA

Substantivo: comum e próprio

1 No texto **Antártica: um mundo feito de gelo** há palavras que estão escritas com letra maiúscula e que não estão no início de frases. Encontre-as e copie-as no quadro abaixo.

Weberson Santiago/ Arquivo da editora

2 Copie, do mesmo texto, palavras escritas com letra minúscula que designem:

a) lugares: ______

b) objetos: ______

______

c) animais: ______

> As palavras que nomeiam lugares, objetos, animais e seres são chamadas de **substantivos**.

3 Marque com um **X** o grupo de substantivos.

☐ gorro – luva – meias – mala – casacos

☐ partiu – chegou – gostou – embarcou – encontrou

☐ bonita – perigosa – feio – branco

> **Substantivos comuns** são aqueles que nomeiam objetos, animais, pessoas ou lugares de modo geral. Exemplos: **camisa**, **cachorro**, **menina**, **país**. O substantivo comum é escrito com letra inicial minúscula.
>
> **Substantivos próprios** são aqueles que nomeiam objetos, animais, pessoas ou lugares em particular. Exemplos: **Bidu**, **Mariana**, **Antártica**. O substantivo próprio é escrito com letra inicial maiúscula.

4 As palavras **Brasil** e **Argentina** são escritas com letra inicial maiúscula, e a palavra **país** é escrita com letra inicial minúscula. Com qual tipo de substantivo (próprio ou comum) podemos classificar cada uma dessas palavras?

____

____

____

____

____

5 As palavras que você copiou no quadro da atividade 1 são substantivos próprios ou comuns? Por quê?

____

____

____

____

____

PriWi/Arquivo da editora

MEUS TEXTOS

Relato de viagem

Lembre-se de alguma vez em que você viajou e embarque na aventura de escrever um relato dessa viagem e mostrá-lo a um colega. Imagine que o seu colega nunca tenha ido para o lugar que você vai descrever e que ele lerá o seu texto para decidir se deve ou não viajar para lá. O que você escreveria sobre a viagem?

Planejamento

1 Siga o roteiro abaixo para organizar a escrita do seu texto.

- Como você se preparou para a viagem?

  ___

  ___

- Como era o local visitado?

  ___

  ___

- Em que data ocorreu a viagem? Quanto tempo você ficou viajando?

  ___

- Que dicas você daria sobre o lugar visitado?

  ___

  ___

- Houve alguma experiência ruim durante a viagem que poderia ter sido evitada?

  ___

2 O que aconteceu de mais divertido nessa viagem? Converse com os colegas.

Rascunho

3 Organize todas as informações que você deseja relatar sobre a viagem e elabore o seu texto em uma folha à parte.

Revisão

4 Depois de escrever o seu relato de viagem, faça a revisão observando as seguintes questões.

	Sim	**Preciso fazer/refazer**
Relatei os preparativos da viagem?		
Descrevi o local visitado?		
Contei o que aconteceu de divertido na viagem?		

Meu texto

5 Reescreva seu texto fazendo as modificações necessárias e troque-o com um colega. Depois, converse com ele sobre as impressões de cada um de vocês a respeito do relato de viagem do outro.

Weberson Santiago/Arquivo da editora

ATIVIDADES DO CAPÍTULO

1. Observe a capa ao lado, do livro **Diário de Biloca**.

a) Encontre na capa do livro palavras escritas com a letra **c**.

Reprodução/Atual Editora

b) Nas palavras que você encontrou, a letra **c** representa o mesmo som?

c) Em sua opinião, qual é o conteúdo desse livro?

d) **Edson**, **Biloca** e **Sônia** são substantivos comuns ou próprios?

2. Encontre na cena os elementos do quadro abaixo.

cão	caminhão	camiseta	calça	casa	copo

PriWi/Arquivo da editora

a) O que essas palavras têm em comum?

____

____

b) Leia novamente as palavras do quadro e classifique-as quanto ao número de sílabas.

Monossílaba	Dissílaba	Trissílaba	Polissílaba
____________	____________	____________	____________
____________	____________	____________	____________

LEITURA DE IMAGEM

Respeitar os animais é respeitar a natureza

Na **Leitura 2** deste capítulo, você conheceu o relato da fotógrafa Maristela Colucci, que contou como foi sua visita à Antártica. No texto, ela relata sua surpresa ao encontrar uma barulhenta colônia de pinguins e diz como se sentiu parte deles ao ser rodeada pelos dóceis animais naquele mundo gelado.

Agora, pense no seu dia a dia: você já viu de perto animais silvestres no zoológico, no circo ou em outros espetáculos? O que você pensa sobre isso?

Observe

1 Pinguins em fila sobre uma plataforma de metal para exibição a visitantes em um zoológico.

jeep2499/Shutterstock

2 Pinguins-papua livres na Antártica.

Photodynamic/Shutterstock

Analise

1. Compare as duas fotos e responda:

   a) Em qual das fotos os pinguins estão em um ambiente natural? Explique.

   ____

   ____

   b) Além dos pinguins, o que mais aparece na fotografia 1?

   c) Em qual das fotos os pinguins estão mais espalhados, aproveitando mais o espaço?

   ____

2. Na foto 2, há dez pinguins.

   a) Circule cada um deles na foto.

   b) Você conseguiu encontrar todos os pinguins? Foi fácil encontrá-los?

   ____

   ____

Relacione

3. Em sua opinião, os pinguins parecem mais à vontade em uma dessas fotos do que na outra? Em qual delas? Por quê?

4. Há zoológicos que buscam reproduzir o ambiente natural dos animais que abrigam. Parece ser esse o caso do zoológico da foto 1? Explique.

5. Qual é a sua opinião sobre a foto 1? Você acha que os pinguins vivem felizes nesse lugar?

6. Agora, junte-se aos colegas e façam cartazes para mostrar às outras turmas por que devemos respeitar os animais.

CAPÍTULO

2 AVENTURA E DIVERSÃO!

LEITURA 1

Você lerá a seguir a história de um homem que parte em uma viagem que começa em 1699, na Inglaterra. E como o tema é viagem, que meios de transporte você acha que aparecerão nessa história?

No reino dos pequeninos

Minha família morava numa pequena propriedade na Inglaterra. Como não éramos ricos, aos 14 anos deixei a escola e tornei-me aprendiz de um famoso cirurgião, o doutor James Bates. O pouco dinheiro que eu recebia de mesada, aplicava em aulas de navegação e matemática. Esses conhecimentos me seriam úteis quando realizasse o sonho de viver grandes aventuras nos mares.

Isso aconteceu alguns anos depois, quando consegui uma vaga de cirurgião na tripulação do navio Andorinha. Por três anos e meio, fiquei longe de casa. Voltei a Londres com planos de formar uma família. Então casei-me com uma jovem chamada Mary Burton.

Pouco tempo depois, em virtude da morte de mestre Bates, fiquei praticamente sem trabalho. Não tive outra saída senão retornar ao mar. Trabalhei como cirurgião em vários navios e fiz muitas viagens às Índias.

No dia 4 de maio de 1699, embarquei no navio Antílope, rumo aos mares do sul.

Tudo corria bem, até que uma violenta tempestade nos surpreendeu em alto-mar. O navio se espatifou de encontro a uns rochedos. Eu e os outros tripulantes conseguimos embarcar num bote que estava no convés e remamos com esforço contra o mar bravio. Para nosso desespero, o bote virou. Perdi meus companheiros de vista e tratei de nadar.

Fiquei à deriva durante uma semana, agarrado a um tronco e sendo arrastado pelo vento e a maré. Certo dia, avistei terra firme e, com as forças que me restavam, consegui nadar até lá. Cheguei exausto, deitei-me no chão e dormi o sono mais profundo de toda a minha vida.

Ao acordar, tive uma surpresa daquelas! Minhas mãos, meus pés e cabelos estavam amarrados por milhares de fios presos a estacas no chão. Minúsculas criaturas humanas, armadas de arcos e flechas, cercavam-me por todos os lados. Vestiam roupas esquisitas e falavam uma língua incompreensível.

Elisabeth Teixeira/Arquivo da editora

Com um pouco de esforço, consegui soltar minha mão esquerda. Isso provocou uma grande confusão entre eles. Uma chuva de setas atingiu-me em cheio. Meu colete de couro protegeu-me de ferimentos mais graves. Bem... Não foi difícil concluir que eles me consideravam um gigante ameaçador e perigoso.

Eu estava quase morto de fome, porque havia me alimentado pela última vez antes do naufrágio. Levei o dedo à boca diversas vezes, para demonstrar que queria comer.

Finalmente, meu desejo foi atendido. Diversas escadas foram encostadas ao lado do meu corpo. Um batalhão de cem homens pequeninos, carregados com cestas cheias de comida — carne de diversos tipos e pães —, saciou minha fome. Barris com vinho também foram providenciados, para aliviar minha sede.

cortejo: grupo de pessoas que acompanha alguém; comitiva.

Após a refeição, o rei, acompanhado de seu cortejo, surgiu à minha frente. Sem demonstrar qualquer tipo de hostilidade, ele falou cerca de dez minutos. Eu não conseguia entender nada. Ele apontava insistentemente para uma certa direção. Mais tarde, descobri que ali ficava a capital daquele reino, conhecido como reino de Liliput. Sua majestade e o Conselho Real decidiram que eu deveria ser conduzido até lá.

Uma enorme engenhoca foi construída para me transportar. Novecentos homens me colocaram na tal geringonça e me amarraram com grossas cordas. Mil e quinhentos cavalos foram mobilizados para me conduzir.

Elisabeth Teixeira/Arquivo da editora

Durante o trajeto, alguns pequeninos introduziram lanças em minhas narinas, o que me provocou cócegas e espirros violentos. Na verdade, só fiquei sabendo de todos esses detalhes mais tarde, pois dormi como um bebê durante toda a viagem. Os liliputianos eram espertos, e tinham colocado sonífero no vinho que me deram.

sonífero: aquilo que produz ou provoca sono.

No dia seguinte, por volta do meio-dia, chegamos aos arredores da capital de Liliput. Minha moradia seria um velho templo abandonado, localizado fora dos muros da cidade. Minha perna esquerda foi acorrentada para que eu não tentasse fugir.

Ao me levantar, na manhã seguinte, olhei com calma para a paisagem lá fora. Liliput parecia um grande jardim. Campos, bosques e canteiros de flores se estendiam a perder de vista.

[...]

Viagens de Gulliver, de Jonathan Swift, adaptado por Lúcia Tulchinski. São Paulo: Scipione, 2002. p. 5-8.

ATIVIDADES

1 No texto, Gulliver diz que deixou a escola aos 14 anos.

a) Por qual motivo ele diz ter feito isso?

b) Converse com o professor e com os colegas sobre esse motivo. Hoje em dia isso ainda é comum?

2 Por que Gulliver usava o dinheiro da mesada em aulas de navegação e matemática?

3 Assim que chegou a terra firme, Gulliver caiu em um sono profundo. Que surpresa ele teve ao acordar?

4 Ao ler o texto, como você imaginou Liliput? Faça um desenho.

5 Como Gulliver foi tratado durante o trajeto a Liliput?

____

____

____

6 Procure no dicionário as palavras em destaque em cada item. Em seguida, assinale o melhor significado.

a) Uma enorme **engenhoca** foi construída para transportar Gulliver.

- ☐ barco a vela
- ☐ carroça
- ☐ máquina mal construída

PriWi/Arquivo da editora

b) Novecentos homens colocaram Gulliver na tal **geringonça** e o amarraram com cordas grossas.

- ☐ coisa malfeita
- ☐ brincadeira
- ☐ árvore

7 No capítulo anterior, você leu o relato de viagem de Maristela Colucci, que foi para a Antártica. O que a história de Gulliver e o relato de Maristela têm de diferente?

- ☐ A história de Gulliver é fictícia e a história de Maristela é real.
- ☐ A história de Gulliver é real e a história de Maristela é fictícia.

8 Se Gulliver fosse fazer uma viagem hoje em dia, o que mudaria? Como você imagina que seria essa aventura?

MERGULHO NA ESCRITA ORTOGRAFIA

Encontro de vogais: a/ai, e/ei, o/ou

1 No trecho a seguir, há algumas palavras em que está faltando uma vogal. Encontre essas palavras e circule-as.

Minha família morava numa pequena propriedade na Inglaterra. Como não éramos ricos, aos 14 anos dexei a escola e tornei-me aprendiz de um famoso cirurgião, o doutor James Bates. O pouco dinhero que eu recebia de mesada, aplicava em aulas de navegação e matemática.

PriWi/Arquivo da editora

- Agora, escreva corretamente as palavras que você circulou.

____

2 Escreva as palavras que o professor vai ditar.

_______________ _______________

_______________ _______________

_______________ _______________

_______________ _______________

____

- Circule as palavras acima que têm o encontro de vogais **ou**.

3 Descubra, no quadro abaixo, três palavras que tenham o encontro de vogais **ai**.

Q	U	I	N	F	M	O	I	L	U	J	O	P	R	A	S	T
M	F	U	L	G	U	R	S	N	O	M	C	A	I	X	A	U
X	A	F	A	L	T	W	A	I	O	M	K	A	X	Z	U	Y
H	I	G	Z	A	X	T	W	N	A	L	J	E	C	S	V	P
V	X	N	T	I	E	B	R	I	C	T	U	M	P	A	S	L
P	A	H	O	N	G	A	D	D	Q	N	Q	T	O	I	E	X
O	A	M	E	L	O	E	T	A	I	C	E	Z	O	A	P	A

4 Assinale os objetos cujos nomes tenham um dos seguintes encontros vocálicos: **ai**, **ei**, **ou**.

☐ 
Petr Malyshev/Shutterstock/Glow Images

☐ 
Nonnakrit/Shutterstock/Glow Images

☐ 
Zvyagintsev Sergey/Shutterstock/Glow Images

As imagens não estão representadas em tamanho proporcional entre si.

☐ 
Jim Barber/Shutterstock/Glow Images

☐ 
Valentyn Volkov/Shutterstock/Glow Images

☐ 
Chiyacat/Shutterstock/Glow Images

- Escreva o nome dos objetos que você assinalou.

______________________ ______________________

______________________ ______________________

ENTENDER AS PALAVRAS: DICIONÁRIO

Primeiras consultas

1. O poema abaixo se chama **Dicionário** e foi publicado em um livro. Leia-o e responda às questões a seguir.

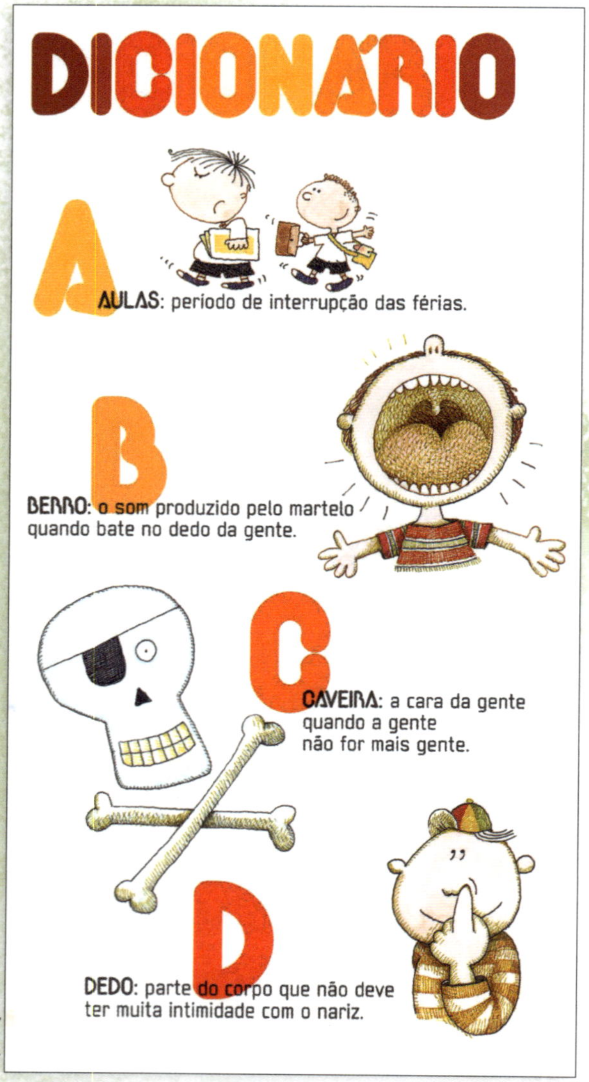

DICIONÁRIO

AULAS: período de interrupção das férias.

BERRO: o som produzido pelo martelo quando bate no dedo da gente.

CAVEIRA: a cara da gente quando a gente não for mais gente.

DEDO: parte do corpo que não deve ter muita intimidade com o nariz.

Poemas para brincar, de José Paulo Paes. São Paulo: Ática, 2011.

a) Procure em um dicionário os significados das palavras a seguir, que aparecem no poema.

- **aula**:

____

____

____

- **berro**:

____

____

- **caveira**:

____

____

____

- **dedo**:

____

____

____

b) As explicações lidas no poema sobre cada uma dessas palavras poderiam aparecer da mesma forma em um dicionário? Por quê?

2. Para que consultamos um dicionário?

- [ ] Para saber o significado de uma palavra.
- [ ] Para consultar como uma palavra é escrita.
- [ ] Para ler um poema.

3. Relembre um dos momentos vividos por Gulliver, personagem do texto que você leu no início deste capítulo.

Com um pouco de esforço, consegui soltar minha mão esquerda. Isso provocou uma grande **confusão** entre eles. Uma **chuva** de setas atingiu-me em cheio. Meu **colete** de couro protegeu-me de ferimentos mais graves. Bem... Não foi difícil **concluir** que eles me consideravam um gigante ameaçador e perigoso.

- Agora organize as palavras em destaque na ordem em que aparecem no dicionário.

Vicente Mendonça/Arquivo da editora

No dicionário, as palavras estão organizadas em **ordem alfabética**.

LEITURA 2

Você já foi a um parque de diversões? Como é a montanha-russa?

Você tem curiosidade de saber como eram as montanhas-russas no passado? Onde você poderia encontrar essa informação?

Como e onde surgiu a primeira montanha-russa?

Como o nome diz, ela foi inventada na Rússia, no século 15. Sentados em blocos de gelo cobertos por palha, os russos deslizavam pelas montanhas cheias de neve. Em 1784, começaram a usar um carrinho com rodas na brincadeira. Depois, em 1827, os Estados Unidos inauguraram sua montanha-russa adaptando os trilhos de uma mina de carvão para um passeio com mais de duas horas.

Foi só em 1884 que a primeira montanha-russa do jeito que a conhecemos foi construída. Ela ficava em um parque de diversões de Coney Island, nos Estados Unidos, mas o carrinho quase não passava de 10 quilômetros por hora.

Livro curiosidades Recreio, organizado por Fernanda Santos. São Paulo: Abril, 2011.

Reprodução/Ed. Abril

Hagaquezart Estúdio/Arquivo da editora

ATIVIDADES

1 Por que a montanha-russa recebeu esse nome? Quando ela foi inventada?

____

____

2 Explique como funcionava a primeira montanha-russa.

____

____

____

3 Sobre o texto que você leu, assinale **V** para as afirmações verdadeiras e **F** para as falsas.

- [ ] Apresenta informações históricas.
- [ ] Há datas e locais precisos dos acontecimentos.
- [ ] Trata-se de uma história fantástica, com magia e encantamento.
- [ ] Revela uma curiosidade.

Hagaquezart Estúdio/Arquivo da editora

O **texto informativo** caracteriza-se por revelar fatos verídicos. Em geral, apresenta as informações com datas e locais precisos.

4 Você gostou de conhecer a história da montanha-russa? Por quê?

____

____

____

MERGULHO NA ESCRITA GRAMÁTICA

Tipos de frase

1 Na tirinha abaixo, os personagens Enriqueta e Fellini estão conversando sobre um presente que a menina ganhou. O que será?

Macanudo n. 1, de Liniers. Campinas: Zarabatana Books, 2008. p. 84.

- Sobre a tirinha que você leu, responda **V** para as afirmações verdadeiras e **F** para as falsas.

  ☐ A frase "O que acha da minha bicicleta nova?" é uma pergunta.

  ☐ Há duas frases que terminam com ponto de exclamação (!).

  ☐ Não há nenhuma frase com ponto-final (.).

O **ponto de interrogação** (?) é usado quando há uma pergunta ou um questionamento. Indica o final de uma **frase interrogativa**: *Você gostou da minha bicicleta***?**

O **ponto de exclamação** (!) é usado no final da frase com a finalidade de demonstrar alegria, indignação, raiva, susto, espanto, surpresa ou felicidade. Indica o final de uma **frase exclamativa**: *Que bicicleta linda***!**

O **ponto-final** (.) é usado para sinalizar o encerramento de uma ideia. Indica o final de uma **frase declarativa**, que pode ser **afirmativa** ou **negativa**: *Minha bicicleta é nova***.** / *Minha bicicleta não é velha***.**

2 Relacione as colunas.

1	Frase declarativa afirmativa	( )	Como surgiu a montanha-russa?
2	Frase declarativa negativa	( )	Foi na Rússia que surgiu a primeira montanha-russa.
3	Frase exclamativa	( )	A montanha-russa é radical!
4	Frase interrogativa	( )	A montanha-russa não foi sempre do modo como a conhecemos hoje.

3 Na história em quadrinhos a seguir, crie as falas da menina usando frases com os sinais de pontuação abaixo.

[.] ponto-final   [!] exclamação   [?] interrogação

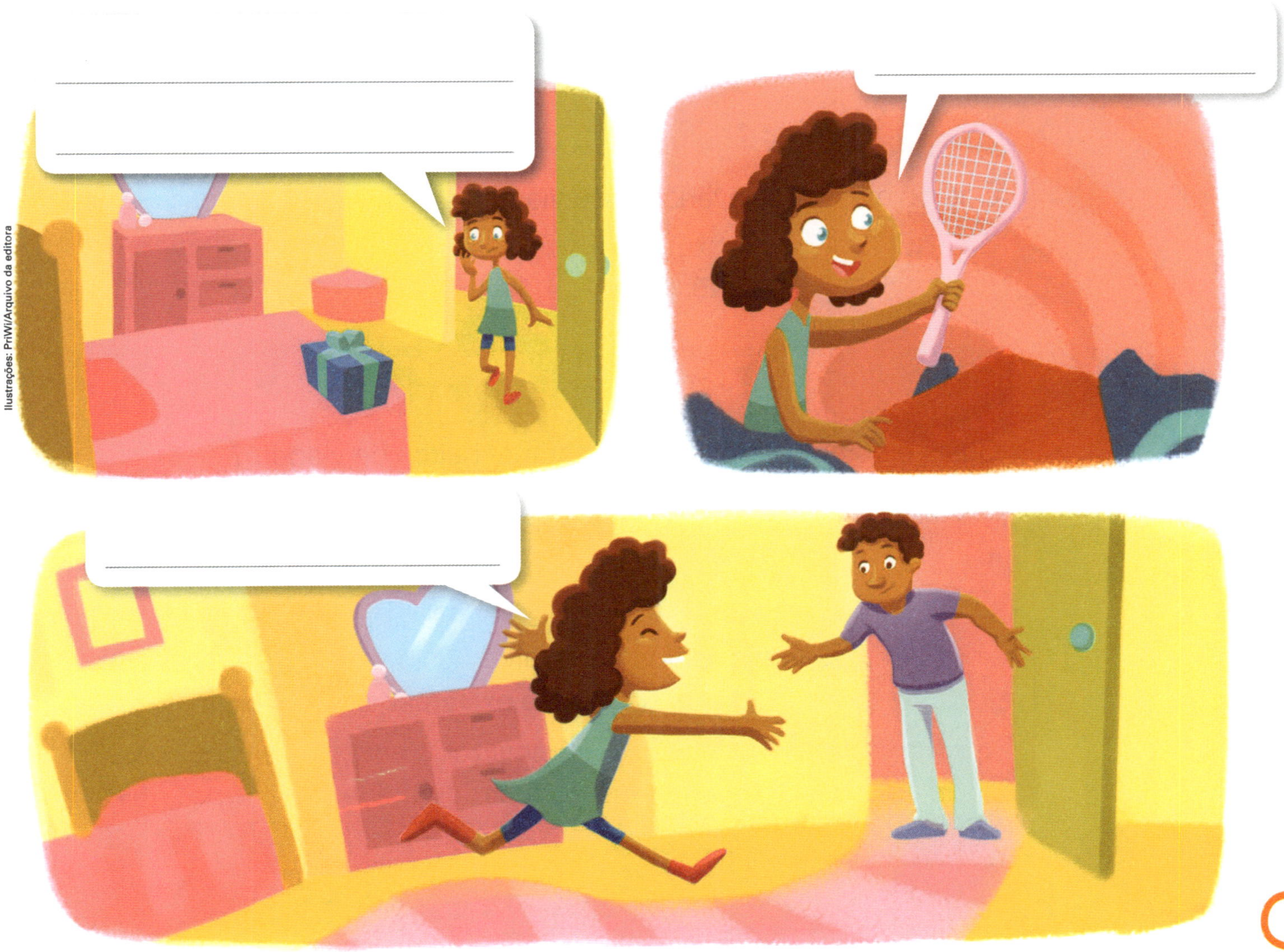

Ilustrações: PriWi/Arquivo da editora

MEUS TEXTOS

Conto de aventura

Neste capítulo, você leu parte das aventuras de Gulliver, personagem que desde garoto desejava viajar pelos mares.

Planejamento

1 Pense, agora, em um lugar que você gostaria de conhecer e imagine a aventura que você viveria lá.

- O que teria de mais divertido nesse lugar? Explique.

____

____

____

____

____

- Que objetos você levaria nessa viagem?

____

____

____

- Quais e como seriam os seus companheiros de viagem?

____

____

____

____

____

- Qual seria o meio de transporte ideal para fazer a viagem?

____

____

- Em qual época se passaria sua aventura?

____

____

Rascunho

2 Imagine que você é o principal personagem dessa aventura e escreva-a em uma folha à parte. Descreva bem o lugar, como você se sentiu ao chegar lá, as atividades divertidas que fez e as dificuldades encontradas.

3 Ao terminar, compartilhe seu texto com um colega.

Revisão

4 Antes de fazer a versão final do seu texto, verifique tudo que precisa ser revisto.

	Sim	Preciso fazer/ refazer
Eu indiquei o nome do lugar?		
Descrevi como é esse lugar e a aventura que meu personagem viveu por lá?		
Usei adequadamente os sinais de pontuação?		

Meu texto

Depois da revisão, reescreva seu texto em outra folha. Quando tiver a versão final, desenhe figuras que ilustrem a história e mostre-a a seus colegas. Leia também as aventuras deles e organizem juntos um **Livro de contos de aventura** da classe.

PriWi/Arquivo da editora

ATIVIDADES DO CAPÍTULO

1. Leia o texto a seguir e responda às questões abaixo.

Toru Yamanaka/Agência France-Presse

Qual é a montanha-russa mais comprida do mundo?

Segundo o livro dos recordes, a mais extensa é a Steel Dragon, que fica no parque Nagashima Spaland, no Japão. Ela tem 2 479 metros de comprimento e atinge a velocidade de 153 quilômetros por hora.

Livro curiosidades Recreio, organizado por Fernanda Santos. São Paulo: Abril, 2011.

a) Explique por que há um ponto de interrogação no título.

____

b) Pense sobre o uso do ponto-final e escolha a alternativa correta.

- [ ] O ponto-final é usado para indicar o término de uma frase.
- [ ] O ponto-final aparece em perguntas.
- [ ] O ponto-final é usado para demonstrar surpresa ou espanto.

2. Assinale **V** para as afirmações verdadeiras e **F** para as falsas.

- [ ] Um relato de viagem traz sempre a apresentação de uma história fictícia, da imaginação.
- [ ] Um conto de aventura é uma história verdadeira que aconteceu com uma pessoa real.
- [ ] A finalidade dos textos informativos é fornecer dados. Por isso, revelam acontecimentos reais, em geral com datas e locais precisos.

3. Siga as pistas e descubra o segredo da ilha!

1. Primeiro, segundo, ...
2. Profissional que faz cópias de chave.
3. Nome de inseto que começa com a letra **b**.
4. O mesmo que **baixinho**.
5. O que segura e protege o cabelo de nadadores.
6. Animal que aparece na parlenda **Hoje é domingo**.
7. Sentimento de quem está apaixonado.

7						

6					

5					

4							

3							

2								

1								

Hagaquezart Estúdio/Arquivo da editora

Dica: Todas as palavras são escritas com **ai**, **ei** ou **ou**.

- Agora, junte todas as letras que estão nos quadrinhos verdes e descubra o que está escondido na ilha.

____

CAPÍTULO 3

DE ONDE VEIO?

LEITURA 1

No folclore brasileiro, há diversas lendas e mitos, muitos surgidos de histórias indígenas. Quais personagens folclóricos você conhece?

Como você imaginaria uma lenda que tenha o guaraná como elemento mais importante?

A lenda do guaraná

Um casal de índios pertencente à tribo Mawé vivia junto por muitos anos sem ter filhos. Um dia, pediram a Tupã que lhes desse uma criança para completar suas vidas. Tupã, sabendo que o casal era bondoso, lhes atendeu o desejo dando a eles um lindo menino.

O tempo passou e o menino cresceu bonito, generoso e querido por todos na aldeia. No entanto, Jurupari, o deus da escuridão e do mal, sentia muita inveja dele e decidiu matá-lo.

tribo Mawé: também chamada de nação Sateré Mawé; tribo indígena que habita a região Norte do Brasil e é conhecida pela cultura (plantio) do guaraná.

Tupã: figura importante da mitologia tupi-guarani. Em tupi, significa 'trovão'.

Certo dia, o menino foi coletar frutos na floresta e Jurupari se aproveitou da ocasião para lançar sua vingança. Ele se transformou em uma serpente venenosa que atacou e matou o menino.

A triste notícia se espalhou rapidamente.

Nesse momento, trovões ecoaram e fortes relâmpagos caíram pela aldeia. A mãe, que chorava em desespero, entendeu que os trovões eram uma mensagem de Tupã, dizendo que deveriam plantar os olhos da criança e que deles uma nova planta cresceria, dando saborosos frutos.

Assim foi feito e os índios plantaram os olhinhos da criança. Naquele lugar cresceu o guaraná, cujas sementes são negras rodeadas por uma película branca, muito semelhante a um olho humano.

Adaptado de: Portal Amazônia. Disponível em: <www.portalamazonia.com.br/secao/amazoniadeaz/interna.php?id=386>. Acesso em: 8 dez. 2015.

Elisabeth Teixeira/Arquivo da editora

ATIVIDADES

1 Quase todos na aldeia ficaram felizes com o nascimento do menino, menos o deus Jurupari. Por que isso aconteceu?

____

____

2 Observe os frutos a seguir.

a) De acordo com o texto, qual deles é o guaraná? Marque com um **X** a resposta correta.

FabricioUZ/Shutterstock

☐

Fabio Colombini/Acervo do fotógrafo

☐

Pfotography/Shutterstock

☐

saiko3p/Shutterstock

☐

b) Por que você escolheu essa foto?

____

____

A história do guaraná é uma **lenda**. Lendas são histórias de caráter ficcional que fazem parte da tradição de uma comunidade e são transmitidas de geração em geração. As lendas têm como base narrativas sobrenaturais ou misteriosas.

3 De acordo com a lenda, como a mãe do menino descobriu o que deveria fazer depois que ele morreu?

____

____

____

____

____

____

4 Assinale **V** para as frases verdadeiras e **F** para as frases falsas.

- ☐ O casal de índios não desejava ter um filho.
- ☐ O menino tinha um bom coração.
- ☐ Quando foi atacado, o menino estava na floresta.
- ☐ Os frutos que nasceram não eram saborosos.

5 Numere na sequência correta os acontecimentos da história.

- ☐ A mãe do menino plantou seus olhos. Neste lugar, cresceu o guaraná.
- ☐ Tupã deu ao casal de índios um lindo filho.
- ☐ Quando foi colher frutos na floresta, o menino foi atacado por uma serpente e morreu.
- ☐ O menino crescia sendo querido por todos, o que causou inveja em Jurupari.

MERGULHO NA ESCRITA ORTOGRAFIA

Letras l e u

1 Releia um trecho do texto e responda às questões.

> Um casal de índios pertencente à tribo Mawé vivia junto por muitos anos sem ter filhos. Um dia, pediram a Tupã que lhes desse uma criança para completar suas vidas. Tupã, sabendo que o casal era bondoso, lhes atendeu o desejo dando a eles um lindo menino.
>
> O tempo passou e o menino cresceu bonito, generoso e querido por todos na aldeia. No entanto, Jurupari, o deus da escuridão e do mal, sentia muita inveja dele e decidiu matá-lo.

Elisabeth Teixeira/Arquivo da editora

a) Circule no trecho as palavras terminadas em **l** e **u**.

b) Há diferença do som final nas palavras que você circulou?

2 Complete as palavras abaixo com as letras **l** ou **u**.

a) Ela comprou um móve___ que vai combinar com a decoração da sala.

b) Ricardo move___ o braço e senti___ uma dor estranha.

c) O cé___ estava estrelado na noite passada.

d) A manga do se___ casaco está rasgada.

e) Clara fez um desenho no pape___.

PriWi/Arquivo da editora

3 Escreva as frases que seu professor vai ditar.

a) ______________________________

b) ______________________________

c) ______________________________

d) ______________________________

e) ______________________________

f) ______________________________

g) ______________________________

h) ______________________________

4 Sublinhe a última palavra de cada frase da atividade anterior e distribua essas palavras adequadamente no quadro abaixo.

Palavras terminadas em l	**Palavras terminadas em u**

5 Crie frases com as palavras abaixo.

a) mel: ______________________________

b) meu: ______________________________

c) sol: ______________________________

d) sou: ______________________________

MERGULHO NA ESCRITA GRAMÁTICA

Vírgula em enumeração

1 Leia o texto abaixo e responda às questões.

> Tente descobrir esta: é um fruto brasileiríssimo conhecido também como naranazeiro, uaraná, guaranaúva e guaranaína. Quer mais uma dica? Está bem, é o nome de um refrigerante superfamoso... Agora ficou mais fácil, né?
>
> **Guaraná tem vários nomes!**, portal Canal Kids. Disponível em: <www.canalkids.com.br/alimentacao/vocesabia/janeiro03.htm>. Acesso em: 9 dez. 2015.

PriWi/Arquivo da editora

a) Quantos nomes pode ter o guaraná?

b) No texto, que sinal de pontuação separa os diversos nomes que o guaraná pode ter? Assinale com um **X**.

☐ vírgula ☐ ponto-final

c) Que sinal de pontuação foi usado antes da adivinha?

☐ ponto de interrogação

☐ dois-pontos

☐ ponto de exclamação

Os **dois-pontos** servem para iniciar uma enumeração. A **vírgula** serve para separar um item de outro. Exemplo: *Eu conheço vários personagens do folclore**:** o Saci**,** a Iara**,** o Lobisomem e a Mula sem cabeça.*

2 Explique o uso dos dois-pontos no texto abaixo.

> Outra história tristíssima é a de um pequeno índio que era muito querido por sua tribo por trazer boa sorte a todos: com ele, nunca faltava comida e as doenças eram sempre curadas.
>
> A tribo vivia feliz e em paz, até o dia em que Jurupari, um espírito mau e invejoso, transformou-se em serpente e matou o indiozinho.

Ibidem.
Acesso em: 10 dez. 2015.

3 O indiozinho era querido por todos. Que palavras você acha que poderiam ser usadas para descrevê-lo? Descreva por enumeração. Use a pontuação adequada.

4 Use dois-pontos e vírgula para pontuar as frases abaixo.

a) São figuras do folclore brasileiro a sereia Iara o Boitatá a Mula sem cabeça o Curupira e o Lobisomem.

b) Hoje eu conheci mais três personagens do folclore o Boto o Saci e a Cuca.

PriWi/Arquivo da editora

LEITURA 2

A história que você vai ler é conhecida como **mito** e fala, de acordo com uma tradição africana, sobre o que aconteceu para que os cachorros começassem a viver com os seres humanos. Você já tinha pensado sobre esse assunto?

Por que o cachorro foi morar com o homem

O cachorro, que todos dizem ser o melhor amigo do homem, vivia antigamente no meio do mato com seus primos, o chacal e o lobo.

Os três brincavam de correr pelas campinas sem fim, matavam a sede nos riachos e caçavam sempre juntos.

Mas, todos os anos, antes da estação das chuvas, os primos tinham dificuldades para encontrar o que comer. A vegetação e os rios secavam, fazendo com que os animais da floresta fugissem em busca de outras paragens.

Um dia, famintos e ofegantes, os três com as línguas de fora por causa do forte calor, sentaram-se à sombra de uma árvore para tomarem uma decisão.

— Precisamos mandar alguém à aldeia dos homens para apanhar um pouco de fogo — disse o lobo.

— Fogo? — perguntou o cachorro.

— Para queimar o capim e comer gafanhotos assados — respondeu o chacal com água na boca.

— E quem vai buscar o fogo? — tornou a perguntar o cachorro.

— Você! — responderam o lobo e o chacal, ao mesmo tempo, apontando para o cão.

De acordo com a tradição africana, o cão, que era o mais novo, não teve outro jeito, pois não podia desobedecer a uma ordem dos mais velhos. Ele ia ter que fazer a cansativa jornada até a aldeia, enquanto o lobo e o chacal ficavam dormindo numa boa.

O cachorro correu e correu até alcançar o cercado de espinhos e paus pontudos que protegia a aldeia dos ataques dos leões. Anoitecia, e das cabanas saía um cheiro gostoso. O cachorro entrou numa delas e viu uma mulher dando de comer a uma criança. Cansado, resolveu sentar e esperar a mulher se distrair para ele pegar um tição.

Uma panela de mingau de milho fumegava sobre uma fogueira. Dali, a mulher, sem se importar com a presença do cão, tirava pequenas porções e as passava para uma tigela de barro.

Quando terminou de alimentar o filho, ela raspou o vasilhame e jogou o resto do mingau para o cão. O bicho, esfomeado, devorou tudo e adorou. Enquanto comia, a criança se aproximou e acariciou o seu pelo. Então, o cão disse para si mesmo:

— Eu é que não volto mais para a floresta. O lobo e o chacal vivem me dando ordens. Aqui não falta comida e as pessoas gostam de mim. De hoje em diante vou morar com os homens e ajudá-los a tomar conta de suas casas.

E foi assim que o cachorro passou a viver junto aos homens. E é por causa disso que o lobo e o chacal ficam uivando na floresta, chamando pelo primo fujão.

Editora do Brasil/Arquivo da editora

Histórias africanas para contar e recontar, de Rogério Andrade Barbosa. São Paulo: Editora do Brasil, 2001. p. 25-29.

Elisabeth Teixeira/Arquivo da editora

ATIVIDADES

1 De acordo com o texto, o cachorro sempre foi considerado o melhor amigo do ser humano? Explique.

____

____

____

2 Quem teve a ideia de mandar alguém à aldeia dos homens em busca de fogo?

☐ O cachorro. ☐ O chacal. ☐ O lobo.

Elisabeth Teixeira/Arquivo da editora

3 Os animais usaram um critério para definir quem seria o responsável por buscar fogo. Qual foi?

☐ O mais rápido. ☐ O mais novo. ☐ O maior.

4 Como a mulher reagiu ao ver o cachorro em sua casa?

____

____

____

5 Por que o cão não voltou mais para a mata?

____

____

____

6 Você acha que ele agiu bem? Por quê?

____

____

____

____

7 O que mudou na vida do cão depois de ir morar com humanos? Assinale as alternativas corretas com um **X**.

- ☐ Ele passou a buscar comida para as pessoas da casa.
- ☐ Ele passou a vigiar a casa dos humanos.
- ☐ Ele não ficou mais sem comida.
- ☐ Ele quis voltar para ajudar seus primos.

8 No texto, são usadas três palavras diferentes para nomear o animal considerado o melhor amigo do ser humano. Encontre-as no quadro a seguir.

Q	U	I	E	F	M	O	I	L	U	J	O	P	R	A	S	T
M	P	U	M	G	Y	R	C	Ã	O	A	U	V	I	B	K	A
X	A	F	J	L	O	M	V	B	C	F	Z	X	Z	I	U	R
H	Ç	G	L	A	B	T	I	T	B	O	K	N	U	C	I	A
C	A	C	H	O	R	R	O	I	Y	T	U	P	B	H	S	L
P	G	H	A	N	M	P	L	U	C	G	A	U	V	O	E	X
O	A	J	K	D	O	E	T	R	U	X	E	T	Õ	H	R	A

Elisabeth Teixeira/Arquivo da editora

MERGULHO NA ESCRITA GRAMÁTICA

Dois-pontos e travessão

1 Releia estes dois trechos do texto.

Trecho 1

— Precisamos mandar alguém à aldeia dos homens para apanhar um pouco de fogo — disse o lobo.

— Fogo? — perguntou o cachorro.

— Para queimar o capim e comer gafanhotos assados — respondeu o chacal com água na boca.

— E quem vai buscar o fogo? — tornou a perguntar o cachorro.

Elisabeth Teixeira/Arquivo da editora

— Você! — responderam o lobo e o chacal, ao mesmo tempo, apontando para o cão.

Trecho 2

Então, o cão disse para si mesmo:

— Eu é que não volto mais para a floresta. O lobo e o chacal vivem me dando ordens. Aqui não falta comida e as pessoas gostam de mim. De hoje em diante vou morar com os homens e ajudá-los a tomar conta de suas casas.

a) Circule o sinal que é usado no início da fala de cada personagem.

b) Que sinal foi usado para introduzir a fala do personagem?

____

c) Em que outra situação usamos dois-pontos?

- [ ] Para indicar a fala do narrador, ou seja, daquele que conta a história.
- [ ] Para marcar o início de uma enumeração.

2 Leia a tirinha do menino Armandinho e responda às questões a seguir.

Alexandre Beck/Acervo do cartunista

beckilustras@gmail.com

a) Quais são os personagens dessa tirinha?

____

b) Nas tirinhas, também há falas de personagens. Nesse caso, as falas também são sinalizadas com dois-pontos e travessão? Explique sua resposta.

____

____

c) Reescreva abaixo o diálogo da tirinha usando dois-pontos e travessão.

____

____

____

____

____

Em textos narrativos, usamos sinais de pontuação para indicar os diálogos.

: (dois-pontos) para introduzir a fala de um personagem.

— (travessão) para indicar o início da fala de um personagem.

Nas histórias em quadrinhos, não são utilizados esses sinais porque as conversas entre os personagens ficam dentro do próprio quadrinho ou em balões de fala.

MEUS TEXTOS

Narrativa folclórica

Na lenda que leu neste capítulo, você conheceu uma de várias histórias que buscam explicar o surgimento do guaraná. Depois, ao ler o mito sobre o cão, conheceu uma das justificativas que buscam explicar o modo como esse animal foi domesticado. Você notou que nessas duas histórias há uma explicação curiosa para algo do nosso cotidiano? Agora, você deverá escrever sua própria história explicando, de maneira imaginativa, por que algo acontece.

Leia as sugestões a seguir antes de escrever sua história.

Planejamento

1 Escolha algum elemento da natureza ou algo presente em seu cotidiano para explicar. Você pode optar por uma destas sugestões:

- Por que a chuva cai do céu.
- Por que o trovão faz barulho.
- Por que o papagaio imita a fala das pessoas.

2 Quem serão os personagens de sua história?

____

____

____

____

Rascunho

3 Faça a primeira versão do seu texto em uma folha à parte. Não se esqueça de usar dois-pontos e travessão para os diálogos.

Revisão

4 Faça a revisão do esboço da sua história antes de escrever a versão final.

	Sim	Preciso fazer/refazer
Minha história está explicando como esse evento ou elemento surgiu?		
Ao escrever os diálogos, usei dois-pontos e travessão?		
Escrevi o final da história?		

Meu texto

Caso seja necessário, faça ajustes em seu texto. Escreva a versão final da sua história em outra folha.

Depois, organize com o professor e os colegas uma **Contação de histórias folclóricas da turma**. Leia sua história para seus colegas e ouça as histórias que eles criaram.

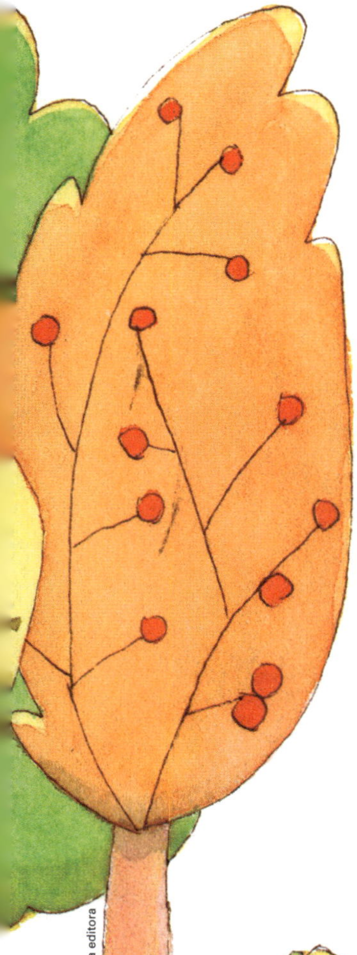

Elisabeth Teixeira/Arquivo da editora

ATIVIDADES DO CAPÍTULO

1. Encontre no quadro dez palavras que tenham sílabas terminadas em **l** ou **u**.

Q	C	I	E	F	M	O	I	C	H	A	P	É	U
M	A	N	I	M	A	L	D	Q	N	E	Y	A	N
X	R	F	H	L	R	F	V	B	O	M	K	F	F
H	R	G	L	W	T	B	A	K	N	V	S	O	X
B	O	L	S	Z	I	E	H	O	C	T	U	L	P
P	S	H	F	C	A	R	A	C	O	L	N	C	Q
O	S	M	E	L	O	I	T	R	D	C	E	L	O
X	E	T	Y	I	P	M	G	S	E	W	F	O	I
N	L	Q	X	C	V	B	Q	W	G	D	C	R	E
M	A	S	D	F	L	A	F	A	R	K	A	E	S
C	O	U	V	E	X	U	G	N	A	H	U	G	D
A	E	R	Z	A	X	C	V	B	U	J	D	M	F
O	V	E	I	S	W	Q	U	I	N	T	A	L	O
U	E	H	F	G	B	M	P	Q	W	S	D	Z	U

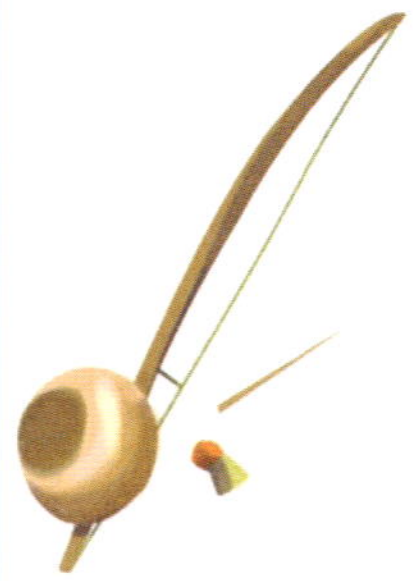

Ilustrações: PriWi/ Arquivo da editora

2. Separe as palavras que você encontrou nas colunas adequadas.

Palavras com l	Palavras com u

3. Pontue corretamente os trechos abaixo.

a) Ele azeda leite quebra a ponta das agulhas esconde as tesourinhas de unha embaraça os novelos de lã e linha faz o dedal das costureiras cair nos buracos bota moscas na sopa queima o feijão que está no fogo.

b) Um príncipe caçava na floresta e achou a torre da Rapunzel. Logo viu a bruxa chegar e gritar

Rapunzel jogue as tranças!

As mais belas histórias de boa noite, de Cristina Marques e Robero Belli. Santa Catarina: Todolivro, 2012.

Ilustrações: PriWi/Arquivo da editora

4. Escolha uma lenda brasileira e faça uma pesquisa sobre ela. Depois de pesquisar, preencha a ficha abaixo.

Lenda escolhida: ______________________________

Origem: ______________________________

Descrição da lenda: ______________________________

____

____

____

____

O QUE APRENDI?

1. Observe novamente a imagem que você viu no início da Unidade. Pense na aventura que o personagem está vivendo e responda às questões.

Dreamworks Animation/The Kobal Collection/Agência France-Presse

a) Você acha que poderia haver uma lenda ou um mito sobre essa história? Por quê?

b) Se o menino da história quisesse enviar notícias para um amigo sobre os acontecimentos que viveu, o que ele poderia escrever?

☐ uma carta ☐ um *e-mail* ☐ um diário

c) Nesta Unidade, você conheceu uma história sobre como os cães resolveram ir morar com os seres humanos. Em sua opinião, o dragão desse filme também parecia satisfeito na sua relação com o ser humano? Por quê?

2. Essa imagem é a cena de um filme chamado **Como treinar o seu dragão**. Sobre as palavras do título do filme, responda às questões.

a) A palavra **treinar** é monossílaba, dissílaba, trissílaba ou polissílaba? Explique.

____

b) Assinale a resposta correta.

A letra **c** que aparece na palavra **como** é pronunciada do mesmo modo que:

☐ a letra **c** nas palavras **centro** e **cidade**.

☐ a letra **c** nas palavras **canto**, **cortina** e **curral**.

c) A palavra **dragão** é um substantivo próprio ou comum? Por quê?

____

3. Em geral, os dragões das histórias de aventura são bem diferentes dos dragões retratados nesse filme. Use a pontuação adequada para completar a frase abaixo.

Os dragões são animais fictícios, ou seja, do mundo da imaginação. Suas principais características costumam ser estas violentos poderosos e destruidores.

MINHA COLEÇÃO DE PALAVRAS

Escreva com suas palavras o que você entende por:

- travessão: __________________________________

____

- tipos de frase: ______________________________

____

UNIDADE

2 O QUE FAZ BEM

Shutterstock/Glow Images

Ilustração: Regina Mizuno/Arquivo da editora

Shutterstock/Glow Images

- Você pratica atividades físicas? Qual é a sua preferida?
- O que você gosta de comer?
- Você acha que brincar é importante para manter a saúde?
- O que você faria se quisesse incentivar os seus colegas a ter uma vida mais saudável?

CAPÍTULO 4

BEM-ESTAR EM PRIMEIRO LUGAR

LEITURA 1

Você gosta de praticar esportes?

Que esportes radicais você conhece?

Você já viu alguma entrevista com um atleta de quem você gosta?

Supercampeão do *skate*

Batemos um papo com a fera Sandro Dias

Por Maria Carolina Cristianini

Conhecido ao redor do planeta como Mineirinho, Sandro Dias, o brasileiro pentacampeão mundial de skate*, visitou uma turma de jovens esqueitistas do Esporte Clube Pinheiros, em São Paulo. Confira a conversa que rolou entre eles.*

LUANA: Por que seu apelido é Mineirinho?

SANDRO: Eu sou um mineirinho falso. Meu pai é mineiro, mas eu nasci na cidade de Santo André, em São Paulo. A história do apelido surgiu quando eu fui participar do meu primeiro campeonato de *skate*. Na hora de fazer a inscrição, havia um campo para colocar o apelido e minha mãe sugeriu que eu pusesse Mineirinho, apelido que um tio havia me dado. E ficou até hoje.

Foto: Marcos D'Paula/Agência Estado

RECREIO: Com quantos anos você participou do primeiro campeonato?

SANDRO: Aos 11 anos, em Santo André. Eu era o mais novo da competição e fiquei em 8º lugar. Era um campeonato de *street* e lembro que eu era o único usando equipamento completo, com joelheira e capacete, pois meu pai só deixou se fosse assim.

JOSUÉ: Quando você começou a andar de *skate*?

SANDRO: Em 1986. Faz tempo! Comecei com meus amigos, brincando. Desde o começo peguei amor pelo esporte e não parei mais.

GABRIEL: Qual é a sua manobra preferida?

SANDRO: Acho que é a 540º, que dá uma volta e meia no ar.

LÍLIAN: Quanto tempo demorou até você fazer a manobra mais difícil?

SANDRO: A mais difícil foi a 900º, e eu demorei 6 meses para fazer da primeira vez. Ainda não consigo fazer sempre porque me machuquei muito tentando e fiquei com um pouco de receio. Mas, uma hora ou outra, eu acerto de novo.

IAN: Como você conseguiu fazer essa manobra, que é a mais legal do mundo?

SANDRO: Eu treinei bastante e precisei até aprender a cair. Porque demora até dar certo e, enquanto eu tentava, eu caía. É preciso tentar de novo, cair de novo, tentar de novo, até conseguir.

RECREIO: Você gosta de algum super-herói?

SANDRO: O Superman, que era o melhor herói da minha época de criança.

[...]

Filipe Rocha/Arquivo da editora

JOSUÉ: Qual foi seu pior tombo?

SANDRO: Foi em um campeonato na China. Eu comecei a andar e, na terceira manobra, voltei desequilibrado, perdi a direção da pista e saí voando 1,5 metro para cima e 1,5 para fora da pista. Ganhei 10 pontos na canela (risos).

RECREIO: Você já quebrou alguma parte do corpo andando de *skate*?

SANDRO: Já quebrei o dedo do pé, o dedo da mão, o pulso, o tornozelo... Mas faz tempo que não acontece nada.

GABRIEL: Se você não fosse um esqueitista, o que você seria?

SANDRO: É difícil falar, mas acho que eu seria atleta de alguma outra modalidade, como um surfista. Eu gosto é de praticar esportes.

RECREIO: Do que você gostava de brincar quando era criança, além do *skate*?

SANDRO: Eu gostava de andar de bicicleta, carrinho de rolimã, soltar pipa.

RECREIO: Quem são seus melhores amigos?

SANDRO: Meus pais e minha esposa.

LUANA: Quanto tempo você treina por dia?

SANDRO: Quando eu consigo, no mínimo, duas horas e meia.

RECREIO: Você pratica algum esporte além do *skate*?

SANDRO: Se tenho tempo, eu surfo, ando de bicicleta, corro. Só não fico parado.

JOSUÉ: É difícil arranjar um patrocínio?

SANDRO: Se você tiver talento e começar a frequentar os eventos de *skate*, as apresentações e campeonatos, as pessoas vão ver que você é bom e apoiar. Não é tão fácil, mas não é impossível.

RECREIO: Que conselho você daria para quem quer ser um esqueitista como você?

SANDRO: O melhor é andar de *skate* para se divertir, sempre usando equipamento de segurança. Outra coisa é seguir seus sonhos. Desde que você se dedique, nada é impossível. Um dia eu sonhei em ser um profissional, algo que era muito distante, e hoje eu sou. Minha vida é um sonho porque eu trabalho, me divirto e dou risada fazendo o que mais gosto: andar de *skate*.

patrocínio: ajuda financeira dada, entre outras áreas, ao esporte e às artes.

Supercampeão do *skate*, de Maria Carolina Cristianini. Revista **Recreio**. Disponível em: <www.recreio.com.br/fique-ligado/supercampeao>. Acesso em: 21 dez. 2012.

Reprodução/<http://www.recreio.com.br/>

Filipe Rocha/Arquivo da editora

ATIVIDADES

1 De acordo com o texto que você leu, quem é o **Supercampeão do *skate***?

____

2 A história do apelido de Sandro Dias traz uma informação curiosa. Qual é ela?

____

3 Sublinhe no texto o trecho que apresenta o assunto da entrevista.

4 Numere as perguntas abaixo na ordem em que apareceram na entrevista.

- ☐ Quando você começou a andar de *skate*?
- ☐ Quanto tempo demorou até você fazer a manobra mais difícil?
- ☐ Com quantos anos você participou do primeiro campeonato?
- ☐ Qual é a sua manobra preferida?
- ☐ Como você conseguiu fazer essa manobra, que é a mais legal do mundo?
- ☐ Você gosta de algum super-herói?

5 Onde a entrevista **Supercampeão do *skate*** foi publicada?

____

____

> As **entrevistas** são compostas das perguntas feitas pelo entrevistador e das respostas do(s) entrevistado(s). Além disso, podem apresentar um título indicando o que será conversado ao longo da entrevista.

Filipe Rocha/Arquivo da editora

6 Qual é o super-herói preferido do entrevistado?

John Phillips/UK Press/Getty Images

Warner Bros. Pictures/Album/Latinstock

Photo12/Collection Cinema/Agência France-Presse

☐ Capitão América ☐ Superman ☐ Batman

7 Em sua opinião, praticar esporte é um hábito saudável?

____

____

____

____

8 Você gostou da entrevista dada pelo Sandro Dias? Por quê?

____

____

____

9 Se você pudesse fazer uma pergunta ao Sandro Dias, o que perguntaria?

____

____

MERGULHO NA ESCRITA ORTOGRAFIA

Os sons representados pela letra r

1 Releia o parágrafo de apresentação da entrevista e faça o que se pede.

Conhecido ao redor do planeta como Mineirinho, Sandro Dias, o brasileiro pentacampeão mundial de *skate*, visitou uma turma de jovens esqueitistas do Esporte Clube Pinheiros, em São Paulo. Confira a conversa que rolou entre eles.

PriWi/Arquivo da editora

- Distribua as palavras com a letra **r** na tabela a seguir.

r **inicial**	r **no meio das palavras**			r **no final das palavras**

2 Troque a letra **r** por **rr** e forme outras palavras.

a) carinho: ____________

b) caro: ____________

c) coro: ____________

d) careta: ____________

3 Encontre, nos títulos dos livros, as palavras com a letra **r**.

Reprodução/Ed. Companhia das Letrinhas
Reprodução/Ed. Salamandra
Reprodução/Ed. Scipione
Reprodução/Ed. FTD
PriWi/Arquivo da editora

- Distribua no quadro abaixo as palavras que você encontrou, de acordo com a letra que antecede a letra **r**.

br		**tr**	
cr		**dr**	

A letra **r** pode representar um som **prolongado** no início e no meio de palavras, como em **rato** e **genro**, e ainda quando é duplicada, como em **carro**.

No meio da palavra, o **r** também pode representar um som mais **curto**, como em **prato** e **tarefa**.

MERGULHO NA ESCRITA GRAMÁTICA

Substantivo: masculino e feminino

1 Na entrevista, Mineirinho revela que já quebrou "**o** dedo do pé, **o** dedo da mão, **o** pulso, **o** tornozelo". Assinale abaixo outras partes do corpo que podem ser antecedidas da letra **o**.

- [ ] ombro
- [ ] perna
- [ ] unha
- [ ] braço
- [ ] barriga
- [ ] joelho
- [ ] calcanhar
- [ ] nariz

> Os substantivos podem variar quanto ao gênero, ou seja, podem ser masculinos ou femininos.
>
> Os **substantivos masculinos** podem vir acompanhados de **o**, **os**, **um**, **uns**. Exemplos: **o coração**, **os corpos**, **um gato**, **uns amigos**.
>
> Os **substantivos femininos** podem vir acompanhados de **a**, **as**, **uma**, **umas**. Exemplos: **a cabeça**, **as fitas**, **uma menina**, **umas flores**.

2 Encontre oito palavras no quadro e distribua-as nas colunas da tabela.

Á	I	T	E	R	R	A	R	O	Á	A
R	S	C	O	M	V	E	P	E	J	M
V	V	N	A	T	U	R	E	Z	A	B
O	I	O	N	L	J	E	I	C	V	Á
R	I	A	C	H	O	M	X	É	S	G
E	D	Y	N	I	G	N	E	C	É	U
U	T	A	M	B	I	E	N	T	E	A

Substantivo feminino	Substantivo masculino

3 Escreva o gênero feminino dos substantivos abaixo.

a)

o menino → ____ ____________

c)

o galo → ____ ____________

b)

o pai → ____ ____________

d)

o avô → ____ ____________

4 Ajude a esqueitista a chegar até a pista traçando o caminho que apresenta somente substantivos masculinos.

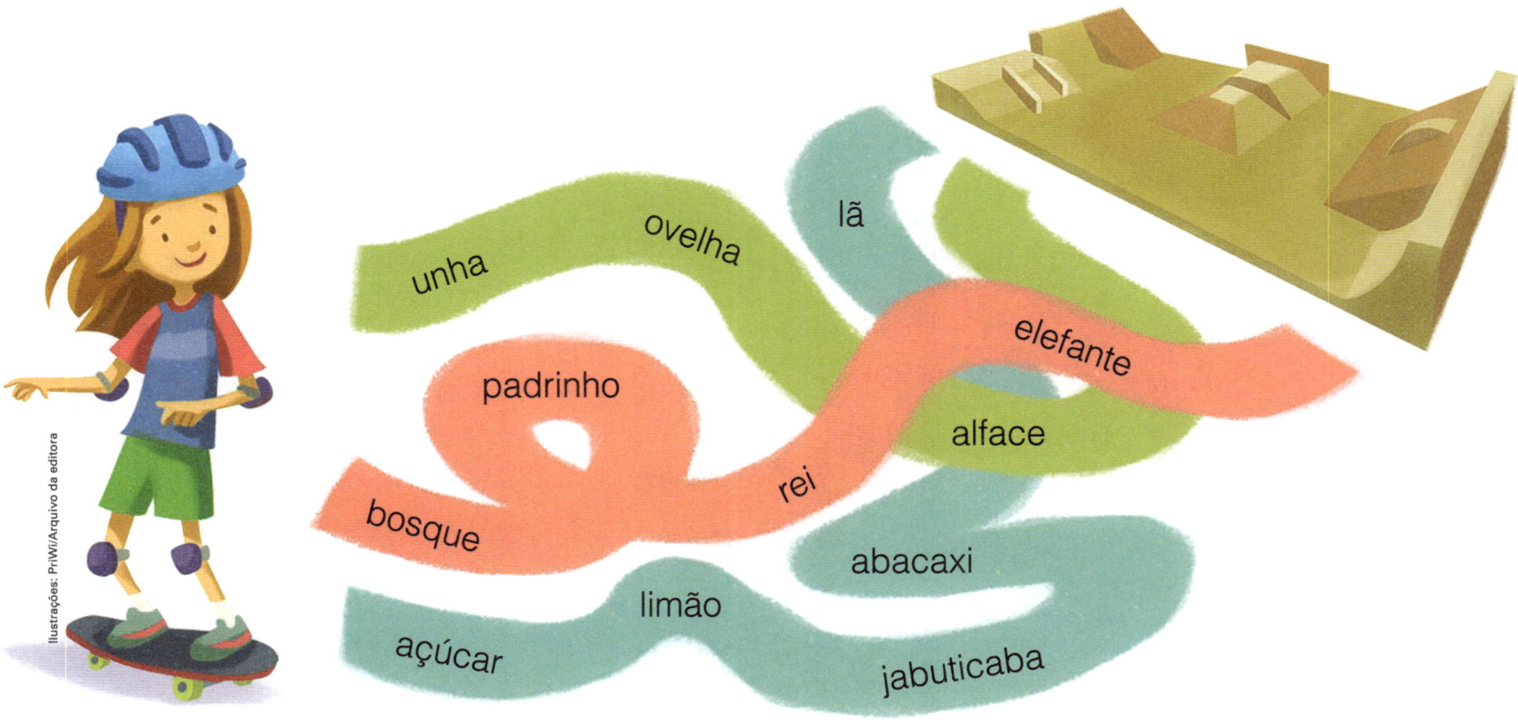

Ilustrações: PriWi/Arquivo da editora

LEITURA 2

Você se preocupa com sua saúde? Faz algo para se manter sempre saudável?

Você já tomou alguma vacina? Como fica sabendo quando acontecem campanhas de vacinação?

PriWi/Arquivo da editora

SUS/Secretarias Estaduais e Municipais de Saúde/Ministério da Saúde/Governo Federal

Cartaz de campanha de vacinação, Ministério da Saúde. Disponível em: <www.coren-es.org.br/campanha-nacional-de-vacinacao-contra-polio-comeca-no-dia-15_6318.html>. Acesso em: 10 fev. 2016.

ATIVIDADES

1 Onde esse cartaz poderia ser publicado?

2 Há um personagem famoso nesse cartaz. Você já o conhecia? Converse com os colegas sobre ele.

- Depois de conversar, escreva o nome do personagem.

PriWi/Arquivo da editora

3 Qual é o objetivo desse cartaz?

- [ ] vender um produto
- [ ] lançar uma marca
- [ ] divulgar uma campanha

4 Observe a fotografia. Nela, há um espelho que está refletindo a imagem da rua. O que há de estranho nessa imagem? Explique.

5 Para quem se dirige a mensagem do cartaz? Como você sabe?

MERGULHO NA ESCRITA GRAMÁTICA

Substantivo: singular e plural

1 Termine de reescrever a frase abaixo passando os substantivos para o singular. Faça as adaptações necessárias.

PriWi/Arquivo da editora

Leve as crianças de 6 meses a menores de 5 anos para serem vacinadas contra a paralisia infantil e atualizarem a caderneta de vacinação.

Leve a criança de 6 meses a menor de 5 anos ______________________

____

____

____

2 Escreva no quadro os substantivos que seu professor vai ditar e, depois, passe-os para o plural.

Substantivo ditado	Substantivo no plural

3 Encontre no quadro cinco substantivos no singular.

Q	H	C	R	F	M	O	I	L	U	J	Ó	P	R	A	S	T
M	P	R	L	G	A	R	P	N	O	M	C	K	R	E	V	A
X	A	I	A	L	A	N	O	R	R	I	D	A	S	Z	A	Y
H	W	A	E	Z	A	T	S	N	A	L	J	E	C	J	C	P
V	O	N	T	U	N	B	T	I	C	T	U	M	P	M	I	L
P	K	Ç	O	N	Z	X	O	S	T	O	N	D	O	T	N	X
O	A	A	E	C	A	D	E	R	N	E	T	A	X	C	A	A

- Escreva os substantivos que você encontrou e passe-os para o plural.

Substantivo singular	Substantivo plural

4 Sublinhe nas frases abaixo somente os substantivos que estão no plural.

a) Peguei um lápis emprestado de um dos meus colegas.

b) Quando o ônibus quebrou, os passageiros tiveram de descer.

c) Os barcos chegaram ao cais pouco depois do entardecer.

Os substantivos podem variar quanto ao número, ou seja, podem estar no singular ou no plural. O substantivo está no **singular** quando se refere a um só ser. Exemplos: **o parque**, **um brinquedo**.

O substantivo está no **plural** quando indica mais de um ser. Exemplos: **as brincadeiras**, **uns carrinhos**.

MEUS TEXTOS

Entrevista

Você conhece bem todos os professores da sua escola? O que gostaria de descobrir sobre eles? Em duplas, elaborem algumas perguntas para entrevistar um dos professores. Depois, toda a escola lerá a entrevista que vocês fizeram!

Planejamento

1 Escolham o professor que será entrevistado e pensem em qual será o principal assunto da entrevista.

2 Façam um levantamento sobre o que querem saber da pessoa que será entrevistada.

3 Elaborem perguntas curtas e bem objetivas para deixar a entrevista mais dinâmica. Ao escrever as perguntas, usem o ponto de interrogação.

4 Pensem no local onde será feita a entrevista. Escolham um ambiente silencioso, no qual seja possível ouvir com clareza as respostas do entrevistado.

Rascunho

5 Selecionem as perguntas mais interessantes e façam a entrevista oralmente.

6 Depois da entrevista oral, façam a primeira versão escrita da entrevista em uma folha à parte, identificando as falas do entrevistador e do entrevistado.

Weberson Santiago/Arquivo da editora

Revisão

7 Façam a revisão da entrevista.

	Sim	Preciso fazer/refazer
As perguntas realizadas ao entrevistado foram claras e objetivas?		
O ponto de interrogação foi utilizado adequadamente na entrevista escrita?		
As falas do entrevistador e do entrevistado foram indicadas na entrevista escrita?		

Meu texto

Depois da revisão, escrevam a versão final do texto em outra folha. Quando a entrevista estiver pronta, confeccionem com a turma uma revista para reunir todas as entrevistas realizadas. Escolham um título para a revista, façam a capa, o índice e deixem-na circular pela escola.

Weberson Santiago/Arquivo da editora

ATIVIDADES DO CAPÍTULO

1. Leia o trecho de uma entrevista e tente descobrir quem é o entrevistado.

http://zh.clicrbs.com.br/rs/esportes/noticia/2015/12/minhas-chances-sao-menores-

"Minhas chances são menores, mas tenho fé", afirma ★★★★ sobre título mundial

Atual campeão precisa de combinação de resultados para garantir o bi no surfe

[...]

Você está há alguns dias no Havaí, em preparação para a grande final. Como tem sido sua rotina de treinos por aí?
Muito treino em diferentes picos. Pipe, Sunset. Todos os dias com muito foco.

[...]

O surfe já tinha muitos adeptos no Brasil, mas é inegável que você desencadeou uma nova legião de fãs. Você se enxerga como um fenômeno?
Na verdade, faço o que eu amo: surfar! Mas não me enxergo como fenômeno. Só gosto de ir no meu limite e as coisas, no final, dão certo. Só tenho que agradecer a Deus pelo dom que me deu.

PriWi/Arquivo da editora

Adaptado de: Jornal **Zero Hora**. Disponível em: <http://zh.clicrbs.com.br/rs/esportes/noticia/2015/12/minhas-chances-sao-menores-mas-tenho-fe-afirma-gabriel-medina-sobre-titulo-mundial-4920928.html>. Acesso em: 10 dez. 2015.

a) Qual é a profissão do entrevistado?

____

b) Você descobriu quem é o entrevistado? Escreva o nome dele.

____

c) Em sua opinião, por que alguém leria essa entrevista?

____

2. Leia as frases e responda **V** para as afirmações verdadeiras e **F** para as falsas.

( ) Entrevistas podem ser publicadas em revistas.

( ) A palavra **cartaz** é um substantivo feminino.

( ) A palavra **entrevista** tem um **r** no meio de uma das sílabas.

( ) As entrevistas são compostas de perguntas e respostas.

3. Encontre no quadro dez substantivos terminados em **r**.

X	B	G	C	O	R	O	I	A	U	J	A	P
H	C	E	L	G	O	R	R	G	O	M	C	K
Q	A	R	A	L	R	O	F	R	A	A	E	M
H	N	O	F	L	O	R	S	I	I	R	J	E
V	T	I	T	U	N	B	T	C	C	T	U	C
P	O	I	O	C	Z	X	O	U	T	O	N	O
O	R	M	E	O	A	D	E	L	A	R	O	R
G	K	L	P	L	E	Q	X	T	C	U	T	R
Z	X	G	H	H	S	P	M	O	B	N	Y	E
P	R	O	F	E	S	S	O	R	F	J	V	D
R	T	U	F	R	M	U	I	W	Q	C	X	O
A	S	Z	X	P	A	Ç	Ú	C	A	R	W	R

Ilustrações: PriWi/Arquivo da editora

- Agora, passe para o plural os substantivos que você encontrou.

____

____

CAPÍTULO 5

LAVAR UMA, LAVAR OUTRA MÃO

LEITURA 1

Você lava as mãos antes das refeições? Por quê?

Lavar as mãos

Uma
Lava outra, lava uma
Lava outra, lava uma mão
Lava outra mão, lava uma mão
Lava outra mão
Lava uma

Depois de brincar no chão de areia a tarde inteira
Antes de comer, beber, lamber, pegar na mamadeira
Lava uma (mão), lava outra (mão)
Lava uma, lava outra (mão)
Lava uma

Fabiana Salomão/Arquivo da editora

A doença vai embora junto com a sujeira
Verme, bactéria, mando embora embaixo da torneira
Água uma, água outra
Água uma (mão), água outra
Água uma

A segunda, terça, quarta, quinta e sexta-feira
Na beira da pia, tanque, bica, bacia, banheira
Lava uma mão, mão, mão, mão
Água uma mão, lava outra mão
Lava uma mão
Lava outra, lava uma

bactéria: microrganismo que pode causar doença.

Fabiana Salomão/Arquivo da editora

Divulgação/Universal

Lavar as mãos,
de Arnaldo Antunes.
Castelo Rá-Tim-Bum
(CD), vários artistas.
Universal/Velas, 2001.

Arnaldo Antunes

Nasceu em 1960, na cidade de São Paulo (SP). É músico, poeta, compositor e artista visual.

Por dez anos fez parte da banda de *rock* Titãs e, desde 1992, dedica-se à carreira solo e a parcerias. Em 1995, Arnaldo compôs e gravou a música **Lavar as mãos** para a série infantil **Castelo Rá-Tim-Bum**.

Zanone Fraissat/Folhapress

ATIVIDADES

1 Segundo a letra da canção, **antes** de quais atividades devemos lavar as mãos? Assinale com um **X**.

Ilustrações: PriWi/Arquivo da editora

2 Copie os versos da letra de canção que indicam o que vai embora quando lavamos as mãos.

A **letra de canção** é um texto acompanhado por uma melodia feito para ser cantado ou recitado.

Assim como o poema, a letra de canção pode estar dividida em estrofes e versos e ter rimas. As rimas são formadas quando há sons parecidos na terminação das palavras. Exemplos: **mal/sal**, **criança/lembrança**.

3 Faça um desenho ou cole uma figura que represente a primeira estrofe da letra de canção.

PriWi/Arquivo da editora

4 Quantos versos tem a letra de canção **Lavar as mãos**?

____

5 Você conhece o ditado popular "Uma mão lava a outra"? O que significa?

____

____

____

6 Copie da letra de canção uma palavra que tenha **ch**.

____

7 Agora, copie da letra de canção uma palavra em que a letra **x** represente um som semelhante ao de **ch**.

____

MERGULHO NA ESCRITA ORTOGRAFIA

Letras x e ch

1 Leia o poema e complete as lacunas com **x** ou **ch**. Se achar necessário, use o dicionário.

Cuxiú-de-nariz-branco

Cu____iú ____egou no ____alé,

____eretou em tudo.

Me____eu na gra____a,

____utou li____o,

____eirou ____ulé,

____acoalhou a ____ave,

Pu____ou uma cai____a,

A ____ou ____ocolate,

____upou ____upeta,

____u____ou tomada,

Levou um ____oque,

Teve ____ilique,

____orou, ____ingou

E de lá ____ispou.

Bem brasileirinhos: poesia para os bichos mais especiais da nossa fauna, de Lalau e Laurabeatriz. São Paulo: Cosac Naify, 2004.

PriWi/Arquivo da editora

• O que você observou nas palavras que completou quanto ao som representado pelas letras **x** e **ch**? Para responder a essa pergunta, releia os versos em que palavras com **x** e **ch** aparecem.

2 Agora, complete as frases usando as palavras do quadro. Se precisar, consulte o dicionário.

cheque	xeque	tacha	taxa

a) Ele recebeu um ______________ com o valor que estavam lhe devendo.

b) Ela deu um ______________ e logo depois xeque-mate. Ela ganhou a partida de xadrez.

c) O homem pagou uma ______________ para poder retirar a mercadoria.

d) A menina usou uma ______________ para prender a foto no mural.

3 Observe as figuras e escreva o nome delas nas colunas corretas.

Ilustrações: PriWi/Arquivo da editora

Palavras com x	**Palavras com** ch

ENTENDER AS PALAVRAS: DICIONÁRIO

Letras g e j

1. Releia um verso da letra de canção **Lavar as mãos** e observe as palavras em destaque:

A doença vai embora **junto** com a **sujeira**

- No dicionário, qual das duas palavras aparece primeiro? Por que isso acontece?

____

____

____

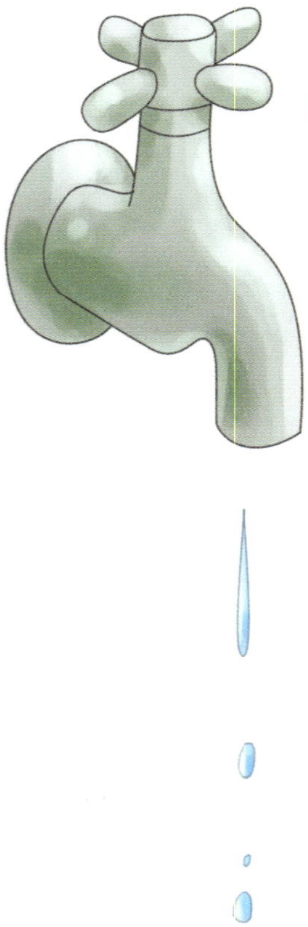

2. Complete as palavras abaixo com **g** ou **j**. Se for preciso, consulte o dicionário.

a) ____eito
b) ____irafa
c) ____irassol
d) fri____ideira
e) a____ito
f) berin____ela
g) ti____ela
h) frá____il
i) ____iboia
j) di____estão
k) ori____em
l) mar____em
m) su____estão
n) ____elatina

A letra **g** representa o mesmo som que a letra **j** quando é seguida das letras **e** e **i**. Por isso é importante consultar o dicionário para escrever essas palavras corretamente.

Ilustrações: Vicente Mendonça/ Arquivo da editora

3. Circule no quadro somente as palavras que estão escritas corretamente.

Q	H	I	N	J	I	R	A	S	S	O	L	P	R	A	S	J	M	O
M	O	U	L	G	O	R	S	N	O	M	R	E	L	Ó	G	I	O	R
X	J	F	A	R	E	L	Ó	J	I	O	K	A	X	Z	U	P	R	G
H	E	W	E	L	C	T	I	N	A	L	J	H	O	G	E	E	A	I
V	O	N	G	I	R	A	S	S	O	L	U	M	P	A	S	L	N	P
G	E	I	T	O	S	O	D	O	C	I	J	E	I	T	O	S	O	E

4. Observe as imagens e a caixa de palavras para completar a cruzadinha.

jaca	jerimum	geleia	jiló	jabuticaba	berinjela

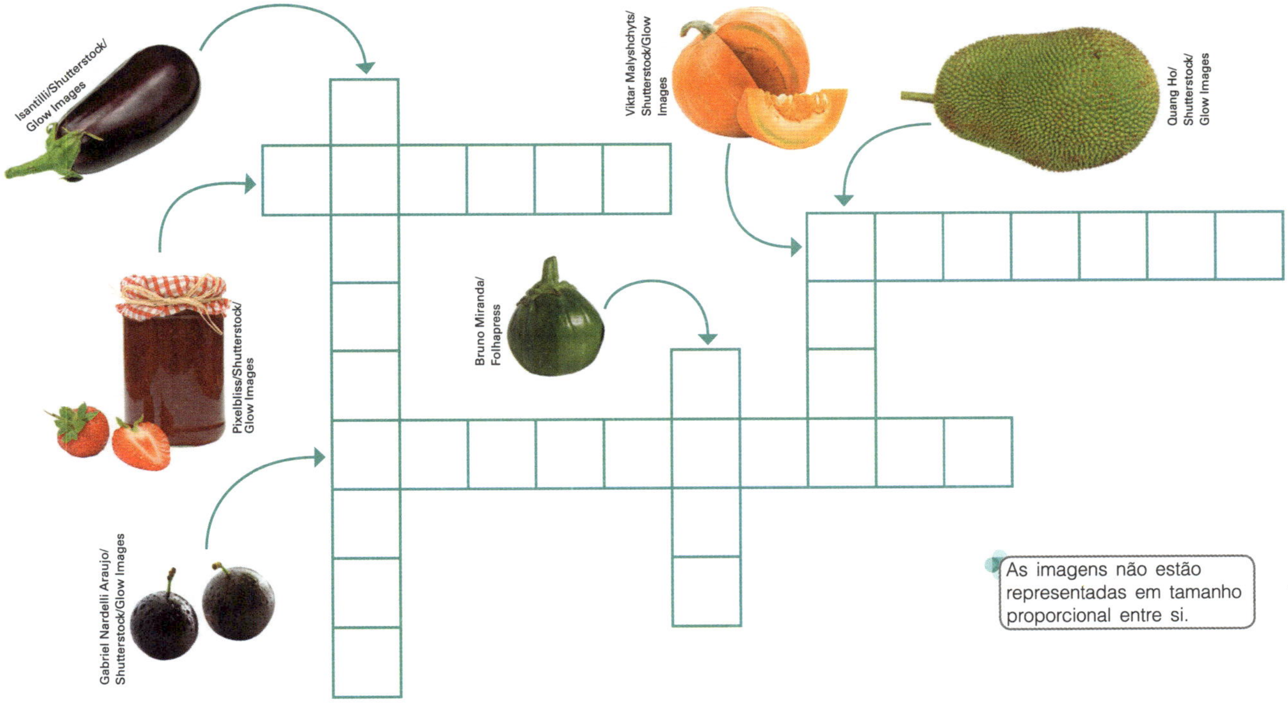

As imagens não estão representadas em tamanho proporcional entre si.

a) Leia as palavras que você completou na cruzadinha. Considerando a escrita, qual é a palavra intrusa? Explique.

b) Agora, escreva as palavras da cruzadinha na ordem em que elas aparecem no dicionário.

LEITURA 2

Como você lava as mãos?

Você sabia que há práticas importantes que devemos seguir ao lavar as mãos?

Leia abaixo as instruções de um cartaz do Ministério da Saúde.

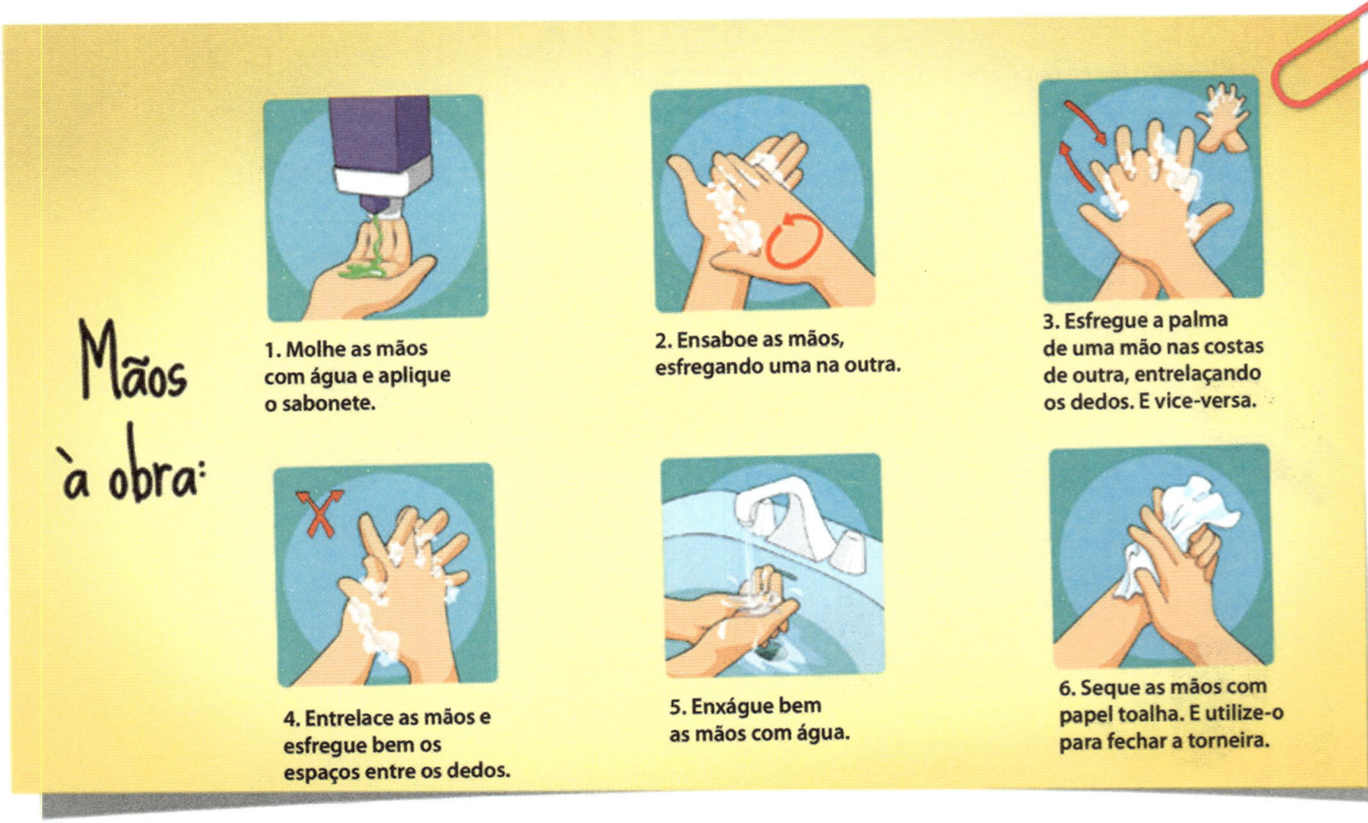

Governo Federal/Ministério da Saúde

NÃO SE ESQUEÇA DE FECHAR A TORNEIRA ENQUANTO ENSABOA AS MÃOS.

O MEIO AMBIENTE AGRADECE.

Ao lavar as mãos, você segue todas essas etapas? Por quê?

Cartaz, Ministério da Saúde. Disponível em: <http://portal.saude.gov.br/saude/campanha/Cartaz_A4_LAVE_MAOS.jpg>. Acesso em: 21 jan. 2013.

Hagaquezart Estúdio/Arquivo da editora

ATIVIDADES

1 Em relação ao texto instrucional que você acabou de ler, assinale com um **X** apenas as afirmações verdadeiras.

- ☐ Contém rimas.
- ☐ Apresenta figuras que ilustram as etapas.
- ☐ Apresenta o registro de um acontecimento.
- ☐ O texto é objetivo e simples de compreender.
- ☐ Nas figuras, há setas que sinalizam como os movimentos devem ser feitos.
- ☐ Narra a história de um personagem.

Hagaquezart Estúdio/Arquivo da editora

2 O texto instrucional, em geral, apresenta uma sequência de ações. No caso do texto que você leu, a sequência precisa ser seguida?

3 Em sua opinião, por que o título do texto é **Mãos à obra**?

____

____

____

____

4 Após a leitura do texto, você pensa em mudar seu modo de lavar as mãos? Por quê?

____

____

____

____

MERGULHO NA ESCRITA GRAMÁTICA

Substantivo: aumentativo e diminutivo

1 Encontre no quadro dez palavras que terminam com -**ão**.

S	C	A	S	A	R	Ã	O	L	U	J	O	L	R	A	S	T
Z	O	U	L	G	O	R	S	N	C	A	M	I	N	H	Ã	O
X	R	F	G	A	R	R	A	F	Ã	O	K	V	A	Z	U	Y
Ã	A	G	M	Ã	E	T	I	O	A	L	J	R	C	C	V	P
O	Ç	N	T	N	A	R	I	G	Ã	O	U	Ã	P	A	S	L
P	Ã	H	O	N	R	A	Ç	Ã	O	I	N	O	O	J	E	X
O	O	M	Ã	O	O	E	T	O	U	C	P	R	A	T	Ã	O

- Distribua as palavras que você encontrou nas colunas abaixo. Siga o modelo.

Substantivos no grau normal	Substantivos no grau aumentativo
mão	garrafão

Quanto ao grau, os substantivos podem variar em:

- **grau normal**: livro, casa, nariz.
- **grau diminutivo**: livrinho, casinha, narizinho.
- **grau aumentativo**: livrão, casarão, narigão.

2 Ligue os substantivos que estão no grau normal para encontrar a saída do labirinto.

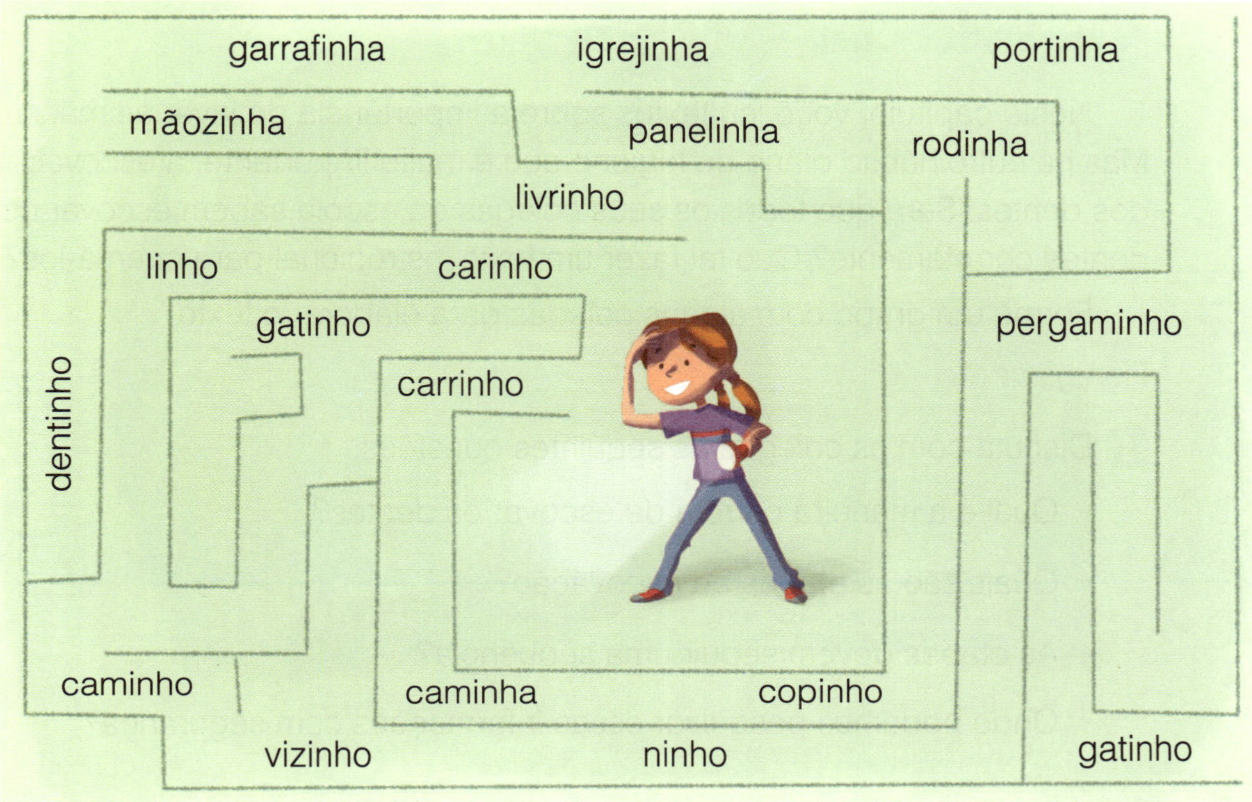

PriWi/Arquivo da editora

Os **graus do substantivo**, além de indicar o tamanho, podem servir para indicar sentimentos como carinho, desprezo ou admiração.
Exemplos:

- *Você é um paizão!*
- *Esse timinho não vale nada.*
- *Que jogaço!*

3 Classifique as palavras em destaque em diminutivo ou aumentativo. Depois, escreva se expressam carinho ou desprezo. Siga o exemplo.

a) **Filhinha**, você quer ajuda na lição de casa?

diminutivo ________ carinho ________

b) Você é mesmo um **amigão**!

________ ________

c) Esse **jornalistinha** é muito teimoso!

________ ________

MEUS TEXTOS

Texto instrucional

Neste capítulo, você leu textos sobre a importância de lavar as mãos. Mas há outro hábito diário de higiene que é muito importante: a escovação dos dentes. Será que todos os seus colegas da escola sabem escovar os dentes corretamente? Que tal fazer um texto instrucional para orientá-los?

Forme um grupo com alguns colegas para elaborar o texto.

Planejamento

1 Discuta com os colegas as seguintes questões.

- Qual é a maneira correta de escovar os dentes?
- Quais são as etapas da escovação?
- As etapas devem seguir uma sequência?
- Onde podemos pesquisar essas informações com segurança?

Rascunho

2 Em uma folha de papel sulfite, escrevam o rascunho do texto com as etapas da escovação.

3 Desenhem ou colem figuras que representem cada uma dessas etapas.

Revisão

4 Agora, verifiquem se o rascunho apresenta todas as informações necessárias para ensinar o leitor a escovar os dentes da maneira correta.

	Sim	Preciso fazer/refazer
As instruções são objetivas?		
As figuras ilustram bem as instruções?		
As etapas são apresentadas na sequência correta?		

Meu texto

Façam a versão final do texto, ajustando o que for necessário. É importante que a letra seja legível e que as figuras ajudem na compreensão das instruções.

Quando o texto estiver pronto, consulte o professor sobre em qual banheiro da escola cada grupo poderá deixá-lo exposto.

Hagaquezart Estúdio/Arquivo da editora

ATIVIDADES DO CAPÍTULO

1. Leia esta cantiga.

Tim, tim, tim, quem bate aí?
Sou eu, minha senhora,
O pintor de Jundiaí.

Pode entrar e se sentar,
Conforme as pinturas,
Nós iremos conversar.

Lá em cima
Quero tudo bem pintado
Só para as **mocinhas**
Do sapato envernizado.

Lá embaixo
Quero um pé de bananeira
Só para alegrar o **coração**
Da cozinheira.

No portão
Quero sete **cachorrões**
Só para assustar
A cara feia dos **ladrões**.

Tim, tim, tim
Já deram seis horas
Adeus, minha senhora,
O pintor já vai embora.

Domínio público.

PriWi/Arquivo da editora

- Distribua os substantivos em destaque nas colunas corretas.

Substantivo no grau diminutivo	Substantivo no grau normal	Substantivo no grau aumentativo

2. Complete a cruzadinha seguindo as dicas abaixo.

1. Eletrodoméstico que conserva alimentos e bebidas em baixa temperatura.
2. Carro pequeno cujo nome começa com **j**.
3. Objeto usado para abrir a fechadura de uma porta.
4. Revista de história em quadrinhos.
5. Doce à base de cacau.
6. Manta de lã ou seda usada sobre os ombros.
7. Pequeno recipiente com asa usado para tomar café, chá ou outras bebidas.

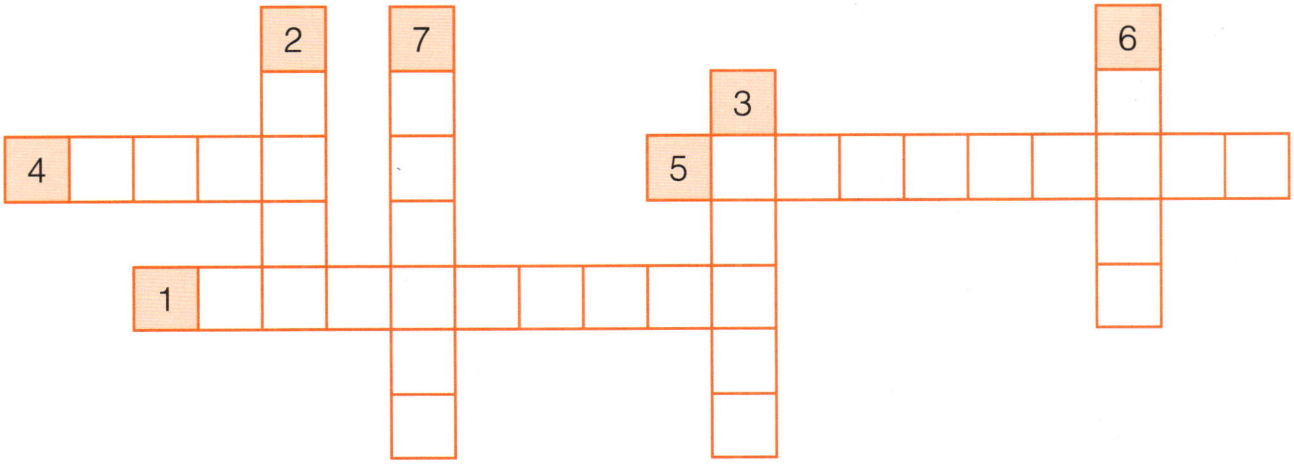

- Escreva as palavras da cruzadinha na ordem em que elas aparecem no dicionário.

____

____

3. Assinale com **TI** as características de **textos instrucionais** e com **LC** as características de **letras de canção**.

☐ Costumam ter rimas.

☐ Dividem-se em versos e estrofes.

☐ Contêm texto objetivo.

☐ Podem conter imagens que ilustram uma sequência de ações.

LEITURA DE IMAGEM

Água é vida... é saúde

Você sabia que a água suja pode causar muitas doenças? Conhece alguma doença originada por água contaminada?

Observe

1 Criança lavando as mãos no Dia Mundial de Lavar as Mãos (15 de outubro), em Catmandu, no Nepal. Foto de 2011.

Navesh Chitrakar/REUTERS/Latinstock

Praia imprópria para uso, mas com a presença de diversos banhistas. Canasvieiras, Santa Catarina, 17 fev. 2012.

2

Felipe Carneiro/Agência RBS

Analise

1. Observe a imagem 1 e responda: por que o fotógrafo escolheu dar destaque às mãos da criança?

2. Agora, observe a imagem 2. O que você vê ao fundo, atrás da placa?

3. E o que está escrito na placa? Você sabe o que significa essa expressão? Converse com seus colegas.

Relacione

4. Qual das duas imagens representa melhor um hábito saudável? Por quê?

5. A imagem 2 mostra uma situação prejudicial à saúde? Explique sua resposta.

6. Que tal criar, em sua escola, o **Dia de Lavar as Mãos**? Você e sua turma podem criar cartazes sobre a importância de lavar as mãos para distribuir na escola.

CAPÍTULO 6

COMER BEM PARA MELHOR CRESCER!

LEITURA 1

Você se preocupa em ter uma alimentação saudável?
Como você se informa sobre alimentação equilibrada?

Lancheira saudável

Fernanda Turino

Na hora de montar o lanche, aprenda a escolher quitutes que, além de deliciosos, fazem bem para sua saúde

Triiiim... O sinal anuncia o recreio e logo começa a agitação. Afinal, é hora de brincar e lanchar! Humm! Se você já começou a salivar pensando em biscoitos recheados ou *pizzas*, saiba que, apesar de gostosas, essas comidas não são as mais indicadas para nossos lanches diários.

"Esses alimentos são de alto valor calórico e baixo valor nutritivo", alerta a nutricionista Maria Lucia Polônio, professora da Universidade Federal do Estado do Rio de Janeiro (Unirio). Em outras palavras, eles possuem muitas calorias — que são fundamentais para termos energia, mas que, em excesso, podem nos trazer uns quilinhos a mais — e poucos nutrientes como vitaminas e minerais.

Um lanche saudável deve ter valor calórico moderado e valor nutritivo bem alto. Encontramos essas características em alimentos como frutas, legumes, verduras e cereais. Mas não vá desde já torcer o nariz: as comidas saudáveis, ao contrário do que muita gente pensa, podem ser muito saborosas. Que tal experimentar?

PriWi/Arquivo da editora

"O comportamento alimentar é desenvolvido pela repetição", explica Maria Lucia. Isso quer dizer que podemos estranhar alguns alimentos quando os provamos pela primeira vez, mas, com o passar do tempo, nos acostumamos com o sabor e passamos até a achá-los gostosos. O oposto também acontece — ou seja, podemos passar a consumir menos determinada guloseima e, assim, acabar perdendo o interesse por ela.

Comer nas horas certas ao longo do dia pode ser uma boa estratégia para manter uma alimentação saudável. "Crianças que estudam de manhã devem fazer um café da manhã balanceado e as que estudam à tarde devem comer um bom almoço", sugere a também nutricionista e professora da Unirio Sandra Pereira. "Assim, na hora do lanche, elas não vão estar com tanta fome e tenderão a comer menos."

[...] Mesmo gostando de alguns alimentos mais do que de outros, mantenha uma alimentação balanceada e garanta sua saúde – assim, não vai ter problema comer *pizza* ou biscoito de vez em quando!

<http://chc.cienciahoje.uol.com.br/lancheira-saudavel/>/Arquivo da editora

Lancheira saudável, de Fernanda Turino. **Ciência Hoje das Crianças**. Disponível em: <http://chc.cienciahoje.uol.com.br/lancheira-saudavel>. Acesso em: 10 fev. 2016.

PriWi/Arquivo da editora

ATIVIDADES

1 Qual é a finalidade da reportagem que você leu?

- [ ] Informar sobre alimentação saudável.
- [ ] Provocar o riso.
- [ ] Ensinar a preparar um alimento.

2 Assinale **V** para as afirmações verdadeiras e **F** para as falsas.

- [ ] *Pizza* é uma boa opção para o lanche da escola.
- [ ] Os melhores alimentos são aqueles ricos em nutrientes.
- [ ] É possível começar a gostar de um alimento mesmo sem ter gostado dele da primeira vez.

PriWi/Arquivo da editora

3 Segundo o texto, uma comida saudável pode ser também saborosa? Explique.

____

____

____

____

____

4 Comer *pizza* ou biscoito de vez em quando é considerado um problema? Por quê?

____

____

____

5 Qual é o título da reportagem que você leu?

____

A reportagem caracteriza-se por apresentar informações aprofundadas sobre determinado tema ou acontecimento. Costuma ter:

- **Título ou manchete**: nome da reportagem.
- **Olho**: subtítulo mais explicativo que a manchete que tem a finalidade de despertar o interesse e chamar a atenção do leitor para a leitura.
- ***Lead* ou lide**: texto que vem abaixo do olho e que resume o conteúdo da matéria.
- **Matéria**: texto longo que apresenta as informações e, em alguns casos, trechos de entrevistas com especialistas.

Além disso, na reportagem podem ser utilizados outros recursos, como gráficos, mapas e fotografias, o que exige do leitor a capacidade de ler não apenas o texto verbal, mas também os textos produzidos em outras linguagens.

6 Sublinhe, na reportagem, um trecho que apresente a fala de um especialista.

7 Onde você encontraria outras reportagens como essa?

Fotos: Fotomontagem/Arquivo da editora

☐ gibis

☐ revistas

☐ atlas

☐ jornais

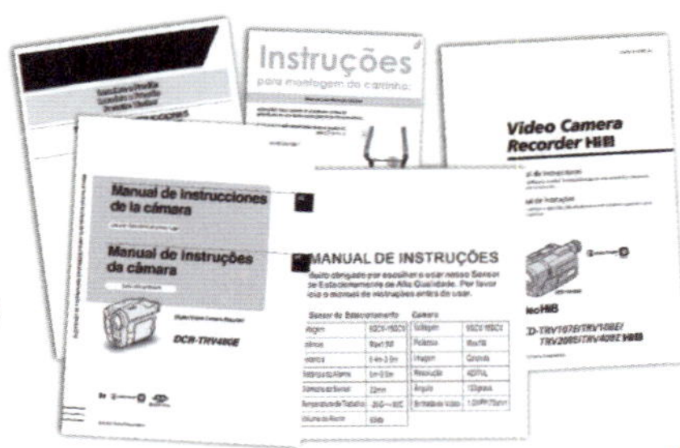

☐ manuais de instruções

MERGULHO NA ESCRITA ORTOGRAFIA

Letras li e lh

1 Complete as palavras com **li** ou **lh**.

a) Frutas, legumes e verduras são as me_____ores fontes de vitaminas.

b) Minha famí_____a me ensinou a ter uma alimentação saudável.

c) Hoje vi uma pi_____a de laranjas na feira.

2 Complete a cruzadinha com o nome das figuras.

Ilustrações: PriWi/ Arquivo da editora

3 Troque o ■ por **l** e **lh** e forme novas palavras.

a) bo ■ a < __________ / __________

b) ga ■ o < __________ / __________

c) fi ■ a < __________ / __________

d) co ■ o < __________ / __________

- Escolha um par de palavras e escreva duas frases com elas.

____

____

____

____

____

4 Descubra as respostas das adivinhas abaixo.

a) O que é, o que é?
tem cabeça, tem dente,
tem barba, não é bicho e não é gente.

Domínio público.

b) Todo mundo precisa,
todo mundo pede, todo mundo dá,
mas ninguém segue.

Domínio público.

c) É o nome de um carro antigo,
é o nome de uma cidade importante.
A cidade é a capital do Brasil.
E do carro, a saudade é gigante.

Domínio público.

Dica: as respostas são palavras que têm **li** ou **lh**.

PriWi/Arquivo da editora

MERGULHO NA ESCRITA GRAMÁTICA

Dígrafo

1 Leia as palavras do quadro e preste atenção ao som representado pelas letras em destaque.

hora do lan**ch**e	fase de cre**sc**imento	mante**nh**a sua saúde
consumo em e**xc**e**ss**o	desenvolvimento ó**ss**eo	fo**lh**as verdes

- As duplas de letras **ch**, **sc**, **nh**, **xc**, **ss** e **lh** representam, cada uma, um único som. Assinale outras palavras em que duas letras são utilizadas representando um único som.

☐ família ☐ carroça ☐ assunto

☐ prato ☐ chácara ☐ blusa

> **Dígrafo** é o encontro de duas letras que, ao serem pronunciadas, representam um único som. Exemplos: **ch**ave, fo**lh**a, ni**nh**o.

2 Complete as palavras com o dígrafo adequado.

ch	lh	nh	ss	qu	gu	sc	xc	rr

a) _______intal

b) _______arada

c) ca_______o_______o

d) prome_______a

e) pi_______ina

f) chu_______asco

g) ata_______o

h) _______eijo

i) cari_______o

j) _______ita_______a

k) e_______elente

l) maravi_______oso

3 Complete as cantigas abaixo com dígrafos **ch**, **nh**, **sc**, **lh** e **ss**.

a) Meu lan_____i_____o, meu lan_____i_____o
Vou comer, vou comer
Pra ficar forti_____o, pra ficar forti_____o
E cre_____er! E cre_____er!

Domínio público.

b) Borboleti_____a tá na cozi_____a
fazendo _____ocolate
para a madri_____a

Poti, poti
perna de pau,
o_____o de vidro
e nariz de pica-pau

Domínio público.

c) Se e_____a rua, se e_____a rua fosse mi_____a
Eu mandava, eu mandava ladri_____ar
Com pedri_____as, com pedri_____as de bri_____ante
Só pra ver, só pra ver meu bem pa_____ar

Domínio público.

Ilustrações: PriWi/ Arquivo da editora

LEITURA 2

Quando você vai a um restaurante ou a uma lanchonete, como escolhe o que vai comer?

Onde podemos encontrar o nome dos alimentos que são servidos nesses lugares?

RESTAURANTE SUPREMAZI

O melhor crepe da cidade!

ENTRADAS

Saladas...........R$ 9,50

Salada de cenoura e beterraba com verduras variadas

Salada de queijo branco, grãos de soja e verduras variadas

Salada de palmito, castanha-do-pará e verduras variadas

As saladas são servidas com um molho de ervas finas.

Cremes.................R$ 11,00

Creme de abóbora com gengibre

Creme de tomate com manjericão

Creme de mandioquinha com cenoura

ESPECIALIDADES

Sanduíches...R$ 16,00

Sanduíche de salmão defumado, ricota e cogumelos

Sanduíche de rosbife, tomate e azeitonas pretas

Sanduíche de presunto Parma e pasta de ervas finas

Sanduíche de atum, alface crespa e abobrinha

Sanduíche de frango desfiado, maionese e milho

Crepes.................R$ 13,00

Crepe de berinjela, pimentão e alecrim

Crepe de frango com cogumelos

Crepe de muçarela de búfala, tomate seco e rúcula

Crepe de ricota com espinafre

Crepe de peito de peru defumado, queijo branco e orégano

Hagaquezart Estúdio/Arquivo da editora

BEBIDAS

Sucos especiais........R$ 6,00

- Suco de morango com limão
- Suco de capim-santo com tangerina
- Suco de manga com linhaça
- Suco de acerola, laranja e cenoura
- Suco de abacaxi, hortelã e pêssego

Sucos simples...............R$ 4,75

Laranja, Morango, Abacaxi, Melancia, Pera, Maçã, Pêssego, Limão, Acerola, Caju, Quiuí, Manga, Melão, Açaí, Tangerina, Mamão, Maracujá, Goiaba, Amora, Banana, Uva

SOBREMESAS

Bolo de banana com nozes......................R$ 8,00

Creme de cacau.....................R$ 8,00

Musse de iogurte com amoras.....R$ 11,50

ATIVIDADES

1 O texto que você acabou de ler é:

- ☐ uma reportagem.
- ☐ um conto de fadas.
- ☐ um poema.
- ☐ um cardápio.

2 O cardápio que você leu é de qual restaurante?

____

3 Além de restaurantes, em que outros estabelecimentos você pode encontrar um cardápio como o que você leu?

____

____

____

4 Em sua opinião, por que abaixo do nome do restaurante há a frase "O melhor crepe da cidade"?

____

____

____

5 O cardápio que você leu tem a finalidade de:

- ☐ apresentar de forma objetiva os produtos oferecidos pelo restaurante.
- ☐ entreter o leitor com dicas de alimentação.
- ☐ instruir sobre como preparar um alimento.

PriWi/Arquivo da editora

6 Você gostou do cardápio do restaurante Supremazi? Se você fosse jantar nesse restaurante, o que pediria?

____

____

____

____

____

> Os **cardápios** apresentam a descrição dos alimentos e bebidas servidos em estabelecimentos como restaurantes, lanchonetes e padarias. Costumam apresentar o nome do estabelecimento e os valores dos pratos e das bebidas. Em geral, os cardápios são divididos em categorias como: entradas, pratos principais, porções, sobremesas e bebidas. Podem expor, ainda, ilustrações e fotografias dos produtos servidos.

7 Se você fosse ao restaurante Supremazi e pedisse um sanduíche e um suco especial, quanto você gastaria?

____

____

____

8 O cardápio que você leu está dividido em:

- [ ] entradas, especialidades, bebidas e sobremesas.
- [ ] entradas, especialidades, porções, bebidas e sobremesas.
- [ ] entradas, pratos principais, bebidas e sobremesas.

MERGULHO NA ESCRITA GRAMÁTICA

Artigo

1 Releia a seguir uma frase retirada do cardápio.

As saladas são servidas com **um molho** de ervas finas.

a) Das palavras destacadas, quais são substantivos?

b) Circule as palavras que antecedem os substantivos.

PriWi/Arquivo da editora

Artigos são palavras que usamos antes de substantivos. Eles indicam se o substantivo é masculino ou feminino e se está no singular ou no plural.

Os **artigos definidos** (**o**, **a**, **os**, **as**) indicam seres ou objetos específicos. Exemplo:

***As** tirinhas da Mafalda são engraçadas.*

Os **artigos indefinidos** (**um**, **uma**, **uns**, **umas**) indicam seres ou objetos indeterminados. Exemplo:

*Eu li **umas** tirinhas no fim de semana.*

2 Pinte os artigos desta tirinha.

Magali: a receita secreta, de Mauricio de Sousa. São Paulo: Panini Comics/Mauricio de Sousa Editora, n. 71, p. 66, nov. 2012.

- Agora, escreva artigos para os substantivos abaixo.

a) ________ Dudu

b) ________ Cebolinha

c) ________ Magali

d) ________ garçons

3 Assinale as características dos artigos. Siga o exemplo.

Artigo	Definido	Indefinido	Singular	Plural	Masculino	Feminino
um		X	X		X	
uma						
o						
a						
uns						
umas						
os						
as						

MEUS TEXTOS

Cardápio

O que você costuma comer na escola no horário do lanche? Você gosta das opções de alimentos e bebidas que há na escola onde você estuda?

Imagine que abrirão uma lanchonete dentro da sua escola e que o gerente da lanchonete aceitará propostas de cardápios feitas pelos alunos. Que cardápio você faria?

Planejamento

1 Para definir as opções do cardápio, pense e responda as seguintes questões.

- Quais alimentos e bebidas seriam vendidos na lanchonete?
- Qual seria o preço de cada produto?
- A lanchonete serviria só lanches ou também refeições completas?
- As comidas servidas na lanchonete seriam saudáveis?

Rascunho

2 Elabore um cardápio, em uma folha à parte, com todos os alimentos e bebidas que seriam servidos na lanchonete. Procure pensar nas necessidades de todos os alunos.

3 Coloque imagens atraentes no seu cardápio para estimular a leitura dos alunos.

Revisão

4 Utilize o quadro a seguir para revisar o texto que você escreveu. Depois, reúna-se com alguns colegas para mostrar a versão inicial de seu cardápio e pedir que compartilhem suas opiniões.

	Sim	Preciso fazer/refazer
O cardápio está dividido entre as categorias de alimentos (entradas, sopas, salgados, bebidas, sobremesas, etc.)?		
O cardápio apresenta o nome do estabelecimento?		
O cardápio indica os preços dos produtos?		

Meu texto

Reescreva a versão final de seu cardápio em outra folha, fazendo os ajustes necessários.

Se houver uma lanchonete em sua escola, veja se é possível apresentar o cardápio que você elaborou ao funcionário responsável, perguntando se ele poderia ser usado em uma lanchonete de verdade e se seria possível comercializar alguns dos alimentos que você indicou.

PriWi/Arquivo da editora

ATIVIDADES DO CAPÍTULO

1. Você consegue completar esta trilha? Escreva as respostas e depois confira seus acertos.

Weberson Santiago/Arquivo da editora

Respostas: 1. família; 2. **sc**; 3. definidos; 4. ambas são escritas com **lh**; 5. um, uma, uns, umas; 6. dois: **gu** e **rr**; 7. mobília; 8. a, as, uma, umas.

2. Encontre sete palavras no quadro abaixo.

X	P	E	S	C	A	D	O	R	B	O	U	B
D	H	A	B	R	F	L	F	M	U	R	C	T
Y	R	P	I	S	C	I	N	A	Â	M	A	A
Q	P	Á	S	Q	I	U	D	U	Q	X	R	V
U	R	S	U	W	L	A	E	N	L	O	R	B
A	P	S	I	T	S	G	U	A	C	H	E	O
D	T	A	S	D	F	X	C	A	N	G	T	R
R	S	R	G	U	E	P	A	R	D	O	A	Y
O	H	O	Á	M	Q	V	B	A	E	R	D	U

PriWi/Arquivo da editora

- Das palavras que você encontrou, copie somente as que têm dígrafo.

____

____

3. Assinale com um **X** apenas as alternativas verdadeiras.

- [ ] As reportagens narram histórias fantasiosas.
- [ ] Os cardápios costumam apresentar informações, como os ingredientes das refeições e os preços dos produtos.
- [ ] As reportagens possuem, em geral, título, olho e matéria.
- [ ] Mapas, fotografias e gráficos podem fazer parte das reportagens.
- [ ] Os cardápios podem conter fotografias dos alimentos e das bebidas que apresentam.

O QUE APRENDI?

Ilustração: Regina Mizuno/Arquivo da editora, Fotos: Shutterstock/Glow Images

1. Observe a menina que aparece na imagem. Imagine que ela faz parte de uma campanha sobre alimentação saudável que foi planejada pelos alunos de uma escola. Veja a lista de tarefas que eles pretendem cumprir:

- Criar cartazes para informar as pessoas sobre a campanha.
- Escrever uma reportagem sobre alimentação saudável.
- Entrevistar um nutricionista para incluir a opinião de um especialista na reportagem.
- Compor uma canção para atrair as pessoas para a campanha.

a) O que eles precisam fazer para que o cartaz chame a atenção das pessoas?

b) Onde eles poderiam publicar a reportagem que vão escrever?

☐ no jornal da escola ☐ na cantina

c) O que eles poderiam fazer para criar uma letra de canção que fosse memorizada por todos? Ou seja, que recursos desses textos nos ajudam a memorizá-los mais facilmente?

2. Imagine que o menino da imagem precise trocar as rodinhas do *skate*, mas não saiba como fazê-lo. Onde é mais provável que ele encontre essa informação?

- [ ] Em um texto instrucional, como um manual de instruções.
- [ ] Em uma entrevista com um esqueitista.
- [ ] Em uma reportagem sobre a importância de praticar esportes.

3. Repare que entre o menino e a menina há uma banheira com uns patinhos amarelos. O que as palavras **banheira** e **patinhos** têm em comum?

- [ ] têm dígrafo
- [ ] estão no plural
- [ ] estão no diminutivo

4. Sobre a letra **r** da palavra **banheira**, assinale **V** para as afirmações verdadeiras e **F** para as falsas.

- [ ] Representa som prolongado.
- [ ] Representa som mais curto.
- [ ] Está em final de sílaba.

5. Há uma bexiga na imagem. A letra **x** da palavra **bexiga** representa o mesmo som que as letras **ch** em **concha**. Assinale outras palavras em que a letra **x** seja pronunciada com esse mesmo som.

- [ ] caixa
- [ ] táxi
- [ ] xarope

MINHA COLEÇÃO DE PALAVRAS

Escreva, com suas palavras, o que você entende por:

- artigo:

____

____

- entrevista:

____

____

UNIDADE 3

QUANTO TEMPO O TEMPO TEM?

Shutterstock/Glow Images

- Qual é a sua lembrança mais antiga?
- Você já ouviu alguém contar lembranças do tempo em que era criança?
- Observe o menino que aparece na imagem. Você acha que ele teve os mesmos brinquedos que você? Será que ele poderia brincar com computador ou *videogame*?

CAPÍTULO 7

LEMBRANÇAS DE UMA VIDA

LEITURA 1

As pessoas mais velhas costumam contar histórias de quando eram crianças. Você já ouviu uma história assim?

Pense nos adultos que você conhece: como você imagina que foi a infância deles?

Uma aula de música do meu avô

[...]

O vô Maurício era casado com a vó Luísa. Os dois moravam numa casa linda, enorme. Para falar a verdade, talvez nem fosse tão grande assim; mas para mim, naquela época, era. Eu devia ter uns sete ou oito anos. E a gente sempre vê as coisas de acordo com o nosso tamanho.

Todo domingo a gente almoçava na casa dos meus avós. Meu pai, minha mãe, minha irmã e eu. Mais o vô Maurício e a vó Luísa, que era quem comandava as coisas no almoço.

Quem comandava a música era o meu avô: escolhia um disco ou deixava o rádio ligado na estação de música clássica, que era a que ele mais gostava, e eu também. Desde pequeno, sempre gostei mais de música clássica do que de qualquer outra.

Num desses domingos, então, estava tocando uma música no rádio enquanto a gente esperava a minha avó chamar para a mesa. Eu ainda não conhecia muita música, claro. Depois que a gente já escutou horas e horas, já leu a respeito, já foi a alguns concertos, vai ficando fácil reconhecer o que está tocando. Não é preciso fazer um esforço: a gente sabe, como sabe que a voz da mãe é a voz da mãe, e a do pai é a do pai. A música já está dentro da gente — mesmo uma música que a gente nunca ouviu.

Não conhecia muita música, mas sabia qual era aquela que estava tocando no rádio do meu avô. Era um trecho das *Quatro estações* de Vivaldi. Não havia a menor chance de eu estar enganado. Já tinha ouvido essa música muitas vezes. Disse então, sem pensar:

"Isso é Vivaldi, *As quatro estações*."

"Não é, não", disse meu avô. "Isso é Bach."

"É Vivaldi", insisti. "*As quatro estações*."

"Não seja bobo, menino. É Bach."

A discussão foi se arrastando e eu não sabia o que fazer. Não tinha dúvida de que era Vivaldi e estava orgulhoso de saber o que era. Queria me exibir um pouco. Especialmente para o meu avô. E aí que estava o problema.

Porque eu gostava demais do meu avô, era justamente para ele que eu estava dizendo aquilo. Estava decepcionado de ver que ele se enganara e mais decepcionado ainda de sentir que ele não confiava na minha opinião. E estava também um pouco encabulado, porque tinha certeza do que tinha dito, a música no rádio era Vivaldi, o vô Maurício ia acabar descobrindo que estava errado, ia ficar sem jeito e a culpa era minha.

Fabiana Salomão/
Arquivo da editora

Eu não queria magoar meu avô, mas também não queria dar o braço a torcer. E tudo passando muito rápido, e eu sabia que, de um jeito ou de outro, não podia acabar bem.

Ficou aquela tensão na sala. Minha mãe puxou conversa para ver se aliviava, mas lembro até hoje do mal-estar que senti. Finalmente, a música acabou, e o locutor anunciou o que tinha acabado de tocar. Vivaldi: *As quatro estações*.

Fiquei com os olhos cheios de lágrimas. Estava contente por ter acertado, mas estava mais triste do que contente. Era como se eu tivesse batido na cara do meu avô, em pleno almoço de domingo. Agora, sim, não sabia o que fazer. E não fiz nada, mesmo; fiquei quieto, meio encolhido, meio chorando.

Fabiana Salomão/Arquivo da editora

Meu avô, então, fez uma coisa que eu nunca esqueci. Para mim, ele era só o meu avô e pronto. Mas eu sabia muito bem que, para os outros, o vô Maurício era um homem muito importante, muito respeitado — e um homem que sabia de música. Pois meu avô foi até onde eu estava, num canto do sofá. Atravessou a sala, foi até ali, me olhou nos olhos e disse, com a maior simplicidade: "Desculpe. Você tinha razão. Eu quero lhe pedir desculpas".

Já faz muitos anos que meu avô morreu. Eu continuo gostando muito de música e continuo gostando muito dele, e acho que essas duas coisas continuam um pouco misturadas. Aprendi muitas coisas ouvindo música e outras tantas com ele, pensando nele. Não sei muito bem o que foi que aprendi naquele domingo. Mas sei que foi mais importante do que Vivaldi, mais importante do que a música e muito mais importante do que descobrir que podia confiar na minha própria opinião.

A música, afinal de contas, não tem importância se a gente não tem importância. E poucas pessoas têm mais importância para mim do que o meu avô.

Histórias de avô e avó, de Arthur Nestrovski. São Paulo: Companhia das Letrinhas, 1998. p. 7-11.

ATIVIDADES

1 Assinale com um **X** a resposta correta. De acordo com o texto que você leu, a gente sempre vê as coisas:

☐ maiores que o nosso tamanho, e quando somos grandes vemos as coisas maiores ainda.

☐ de acordo com o nosso tamanho, então, quando somos pequenos, tudo parece enorme.

2 Circule a imagem que representa o equipamento pelo qual o narrador do texto costumava ouvir música.

As imagens não estão representadas em tamanho proporcional entre si.

Alexander Dashewsky/Shutterstock/Glow Images

Gallofoto/Shutterstock/Glow Images

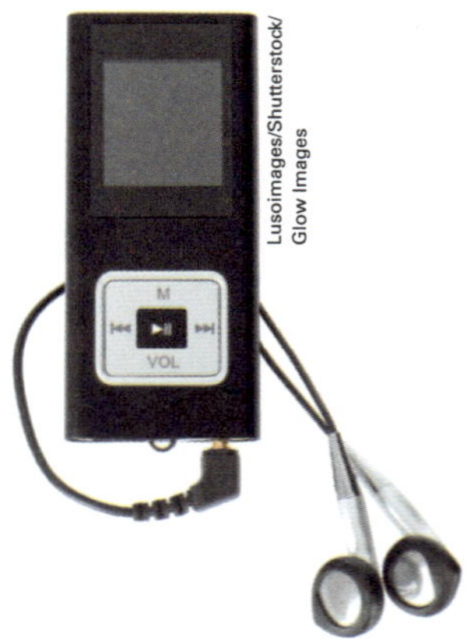

Lusoimages/Shutterstock/Glow Images

3 Qual era a idade do narrador na época do acontecimento relatado?

___

4 Copie o trecho em que o narrador explica como seu avô era visto pelas outras pessoas.

___

___

___

___

___

5 Você acha que o menino estava certo ao insistir na opinião dele a respeito da música que estava tocando no rádio? Por quê?

____

____

____

6 Você imaginava que o avô fosse pedir desculpas ao menino? Você acha que ele agiu corretamente?

____

____

____

7 Marque com um **X** a resposta correta. O conto que você leu apresenta:

- [ ] uma experiência do passado, vivida por um menino e seu avô.
- [ ] planos que um menino faz para o futuro.
- [ ] algo que sempre acontece na relação de um avô com o neto.

> Os **contos de memórias** narram acontecimentos do passado que foram vivenciados pela pessoa que conta a história.

8 Será que hoje a relação entre avós e netos é diferente da que existia cem anos atrás? Por quê?

PriWi/Arquivo da editora

MERGULHO NA ESCRITA ORTOGRAFIA

Os sons representados pela letra x

1 Releia um trecho do conto de memórias **Uma aula de música do meu avô**:

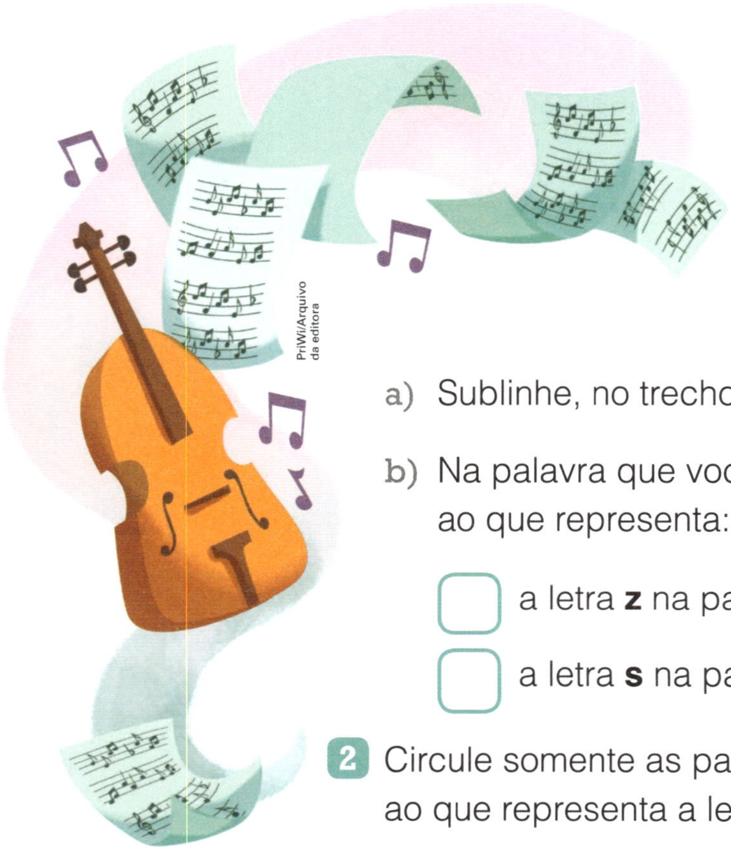

PriWi/Arquivo da editora

Não tinha dúvida de que era Vivaldi e estava orgulhoso de saber o que era. Queria me exibir um pouco.

a) Sublinhe, no trecho acima, a palavra que tem a letra **x**.

b) Na palavra que você sublinhou, a letra **x** representa som semelhante ao que representa:

☐ a letra **z** na palavra **azedo**.

☐ a letra **s** na palavra **sapo**.

2 Circule somente as palavras em que a letra **x** represente som semelhante ao que representa a letra **x** na palavra **exigente**.

exemplo	extensão	exausto
exame	enxada	enxuto
exato	exagero	extinto

PriWi/Arquivo da editora

3 Encontre no quadro dez palavras que tenham a letra **x**.

T	K	A	X	I	L	A	I	M	T	X	M	É	X	I	C	O	X	Q	E
Á	P	U	L	G	O	R	S	N	E	M	Z	E	Z	E	J	A	T	L	X
X	Í	C	A	R	A	F	V	E	X	I	B	I	Ç	Ã	O	Y	F	K	T
I	Ç	M	Á	X	I	M	O	N	T	L	E	H	I	T	S	N	B	U	R
V	O	N	P	R	Ó	X	I	M	O	T	E	X	I	G	Ê	N	C	I	A

- Distribua, nas colunas abaixo, as palavras que você encontrou no quadro, organizando-as conforme os sons representados pela letra **x**.

xereta	auxílio	extrapolar	boxe	existir

4 Siga as dicas para completar a cruzadinha.

Dica: todas as palavras têm a letra **x**.

1. Sinônimo de **ver**.
2. Dispositivo usado para apagar o fogo.
3. Antônimo de **em cima**.
4. Solução usada para lavar os cabelos.
5. Sinônimo de **esquisito, extravagante**.

PriWi/Arquivo da editora

MERGULHO NA ESCRITA GRAMÁTICA

Adjetivo

1 Veja como o narrador do conto **Uma aula de música do meu avô** descreve a casa dos avós.

O vô Maurício era casado com a vó Luísa. Os dois moravam numa casa linda, enorme.

a) Que palavras são utilizadas para caracterizar o substantivo **casa**?

____

b) Como você imagina que era essa casa? Desenhe-a abaixo.

Berezina /Shutterstock/Glow Images

Adjetivos são palavras que caracterizam os substantivos.

2 Leia a tirinha e, depois, responda à questão abaixo.

Calvin e Haroldo: Yukon ho!, de Bill Watterson, tradução de André Conti. São Paulo: Conrad, 2008.

- O adjetivo **perfeito** se refere a qual substantivo?

____

3 Escreva adjetivos para os substantivos representados em cada uma das imagens a seguir.

a)

____

____

b)

____

____

c)

____

____

LEITURA 2

Como você imagina que era a vida das pessoas há mais de cem anos? Quais meios de transporte você acha que existiam naquela época?

Alberto — do sonho ao voo

Alberto Santos Dumont nasceu em 20 de julho de 1873 em Palmira, cidade mineira que hoje leva seu nome. Quando criança, era mestre em empinar pipas e soltar balões. Adorava ler romances de Júlio Verne e ficava fascinado com as aventuras dos personagens desse escritor francês. O menino sonhava com o dia em que também o homem ganharia os céus. Desde então já manifestava grande interesse por qualquer tipo de máquina ou engenhoca mecânica.

abastada: endinheirada; rica; que tem tudo de que precisa.

De família abastada, Alberto contou com o apoio do pai — o engenheiro Henrique Dumont — para estudar em Paris ainda muito jovem. Lá, dedicou-se à construção de uma série de balões e fez subir ao espaço o primeiro deles em 18 de setembro de 1898.

Popperfoto/Getty Images

O 14-Bis levanta voo no Campo de Bagatelle, em Paris.

Pedro Hamdan/ Arquivo da editora

Em 12 de julho de 1901, Santos Dumont alçou voo com um de seus balões e conseguiu retornar ao mesmo ponto de partida, fato que teve grande repercussão. O aviador, satisfeito com os resultados obtidos na dirigibilidade de seus engenhos, apresentou-se para disputar o prêmio *Deutsch de la Meurthe*, em 19 de outubro do mesmo ano. Dessa vez usou um dirigível para circum-navegar a Torre Eiffel em trinta minutos. Pela façanha, recebeu um prêmio de cem mil francos, que foi dividido entre os pobres de Paris e os mecânicos que haviam trabalhado com ele na construção de seus aparelhos voadores.

façanha: proeza; ação heroica.

Em 1905, o aviador iniciou suas experiências com o chamado aeroplano. No ano seguinte, obteve grande êxito com o aparelho 14-Bis no Campo de Bagatelle. Nesse local, em 23 de outubro de 1906, uma máquina mais pesada que o ar voou pela primeira vez.

Depois desse pioneiro invento, Santos Dumont criou mais oito aeronaves. A mais famosa foi a Libélula, *Demoiselle* em francês, uma precursora do ultraleve.

Na década de 1910, um duro golpe atingiu o pai da aviação: aeronaves estavam sendo usadas em bombardeios durante a Primeira Guerra Mundial. Alguns anos depois, Alberto foi acometido de uma doença degenerativa. Em 1928, Santos Dumont voltou para o Brasil e instalou-se na casa que havia projetado em Petrópolis, região serrana do Rio de Janeiro.

Alberto Santos Dumont morreu em 23 de julho de 1932, aos 59 anos, no Guarujá, litoral paulista, profundamente decepcionado ao constatar que sua invenção, concebida para ajudar a humanidade, era utilizada para matar e destruir.

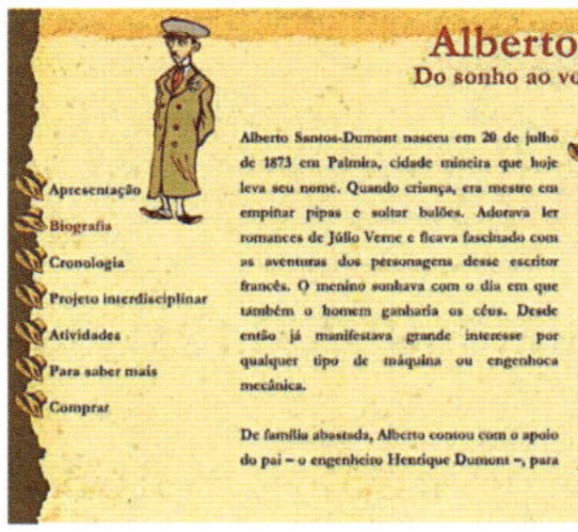

Alberto
Do sonho ao voo

Apresentação
Biografia
Cronologia
Projeto interdisciplinar
Atividades
Para saber mais
Comprar

Alberto Santos-Dumont nasceu em 20 de julho de 1873 em Palmira, cidade mineira que hoje leva seu nome. Quando criança, era mestre em empinar pipas e soltar balões. Adorava ler romances de Júlio Verne e ficava fascinado com as aventuras dos personagens desse escritor francês. O menino sonhava com o dia em que também o homem ganharia os céus. Desde então já manifestava grande interesse por qualquer tipo de máquina ou engenhoca mecânica.

De família abastada, Alberto contou com o apoio do pai – o engenheiro Henrique Dumont –, para

Disponível em: <http://sites.aticascipione.com.br/ap/paradidaticos/santosdumont/index.html>. Acesso em: 29 jan. 2013.

ATIVIDADES

Foto: Apic/Getty Images Ilustração: Pedro Hamdan/Arquivo da editora

Júlio Verne, escritor francês.

1. Alberto Santos Dumont adorava ler os romances de Júlio Verne. Faça uma pesquisa e escreva abaixo o que você descobrir sobre esse escritor.

2. De quais brincadeiras Santos Dumont gostava quando era criança?

3. Você gosta das mesmas brincadeiras que Santos Dumont? Quais são suas brincadeiras preferidas?

4. Assinale com **X** a resposta correta. O texto que você leu apresenta:

- [ ] informações inventadas, fictícias.
- [ ] informações verdadeiras, reais.
- [ ] informações atuais, de fatos que ainda estão acontecendo.
- [ ] informações passadas, de fatos que já aconteceram.

5 Complete a linha do tempo de Santos Dumont escrevendo, na primeira coluna, a data de cada acontecimento.

	Nasce em Palmira, Minas Gerais.
	Faz subir ao céu o primeiro balão.
	Alça voo com um balão e consegue retornar ao ponto de partida.
	Circum-navega a Torre Eiffel em trinta minutos.
	Voa com o 14-Bis no Campo de Bagatelle.
	Volta ao Brasil.
	Morre aos 59 anos no Guarujá, São Paulo.

6 Santos Dumont desejava que suas invenções fossem usadas em guerras? Explique sua resposta.

___

___

___

___

7 Assinale com um **X** a resposta correta. As informações sobre a vida de Santos Dumont foram apresentadas na biografia:

- [ ] seguindo a ordem cronológica dos acontecimentos, ou seja, na sequência em que ocorreram.
- [ ] aleatoriamente, sem uma sequência ordenada.

A **biografia** é composta dos fatos mais marcantes que ocorreram na vida de uma pessoa, a começar do nascimento. Geralmente os fatos são apresentados na sequência em que ocorreram, ou seja, em ordem cronológica.

Pedro Hamdan/Arquivo da editora

MERGULHO NA ESCRITA GRAMÁTICA

Adjetivo pátrio

1 Complete os itens abaixo com adjetivos pátrios.

a) Alberto Santos Dumont nasceu no Brasil. Ele é ______________________.

b) Júlio Verne nasceu na França. Ele é ______________________.

Os **adjetivos pátrios** indicam o local de origem de alguém ou algo. Podem se referir ao país, ao estado ou ao município. Veja alguns exemplos:

- *Quem nasce na Grécia é* ***grego***. (país)
- *Quem nasce em Goiás é* ***goiano***. (estado)
- *Quem nasce em Salvador é* ***soteropolitano***. (município)

2 Complete os itens com adjetivos pátrios terminados em -**ês** ou -**esa**.

a) A estilista Coco Chanel nasceu na França. Ela é ______________________.

b) O pintor Van Gogh nasceu na Holanda. Ele é ______________________.

c) O escritor Eça de Queirós nasceu em Portugal. Ele é ______________________.

d) O músico John Lennon nasceu na Inglaterra. Ele é ______________________.

3 Agora, complete as frases com adjetivos pátrios de objetos.

a) Tenho um computador que foi feito no Japão. Ele é ______________________.

b) Um vaso que foi feito na Turquia é ______________________.

c) O tapete da casa da minha avó foi feito no Egito. Ele é um tapete

______________________.

4 Pesquise os adjetivos pátrios correspondentes aos estados brasileiros e escreva-os abaixo, seguindo a numeração.

Mapa do Brasil: político

Adaptado de: **Atlas geográfico escolar**. Rio de Janeiro: IBGE, 2007. p. 90.

1: ______________________________ 14: ______________________________

2: ______________________________ 15: ______________________________

3: ______________________________ 16: ______________________________

4: ______________________________ 17: ______________________________

5: ______________________________ 18: ______________________________

6: ______________________________ 19: ______________________________

7: ______________________________ 20: ______________________________

8: ______________________________ 21: ______________________________

9: ______________________________ 22: ______________________________

10: ______________________________ 23: ______________________________

11: ______________________________ 24: ______________________________

12: ______________________________ 25: ______________________________

13: ______________________________ 26: ______________________________

MEUS TEXTOS

Biografia

Neste capítulo você leu um conto de memórias intitulado **Uma aula de música do meu avô** e uma biografia do aviador Santos Dumont. A biografia, como você viu, é um texto escrito por uma pessoa que apresenta os principais acontecimentos da vida de outra pessoa. Como você imagina que é o trabalho do biógrafo, a pessoa que escreve biografias?

Que tal ser biógrafo por um momento? Escolha um colega da sala e escreva a biografia dele para fazer parte do **Livro de biografias da turma**.

Planejamento

1. Reserve um momento para conversar com o seu colega. A ficha abaixo servirá para você conhecê-lo melhor e para ajudar a escrever sobre ele. Para isso, peça ao colega que dê todas as informações necessárias para você preenchê-la.

Nome completo: ______________________________.

Idade e data de nascimento: ______________________________.

Nasceu em (local): ______________________________.

Bairro em que mora: ______________________________.

O que mais gosta de fazer: ______________________________

______________________________.

O que não gosta de fazer: ______________________________

______________________________.

Preferências

Brinquedo: ______________________________.

Comida: ______________________________.

Cor: ______________________________.

Esporte: ______________________________.

Rascunho

2 Escreva a biografia do seu colega em uma folha avulsa. Lembre-se de utilizar as informações da página anterior e incluir outras que considerar interessantes.

Hagaquezart Estúdio/Arquivo da editora

Revisão

3 Revise o rascunho da biografia do colega, atentando-se aos itens do quadro abaixo.

	Sim	Preciso fazer/refazer
Escrevi a biografia em 3ª pessoa?		
Utilizei as informações da ficha?		
Escrevi fatos e acontecimentos reais?		
Os fatos e acontecimentos estão apresentados em ordem cronológica?		

Meu texto

Depois da revisão, escreva a versão final do seu texto em uma folha à parte fazendo os ajustes necessários. Se possível, faça uma ilustração que represente o seu colega ou cole uma foto dele.

ATIVIDADES DO CAPÍTULO

1. Leia a tirinha e responda às questões abaixo.

© Ziraldo Alves Pinto/Acervo do cartunista

Disponível em: <http://meninomaluquinho.educacional.com.br/PaginaTirinha/default.asp>. Acesso em: 4 fev. 2013.

a) Assinale com um **X** a resposta correta. Para escrever suas memórias, o Menino Maluquinho deverá:

- [ ] relatar fatos reais que aconteceram no passado.
- [ ] inventar uma história sobre a família dele.

b) Na palavra **deixei**, do último quadrinho, a letra **x** representa som semelhante ao que é representado pela letra **x** na palavra:

- [ ] fixo.
- [ ] enxada.
- [ ] texto.

c) Escreva cinco palavras em que a letra **x** represente som semelhante ao que representa a letra **x** na palavra **deixei**.

____

____

____

____

____

2. Leia os dois trechos abaixo e responda às questões.

Evelson de Freitas/Agência Estado

- Trecho 1

Ruth Rocha nasceu em 1931 na cidade de São Paulo. Filha dos cariocas Álvaro de Faria Machado, médico, e Esther de Sampaio Machado, tem quatro irmãos, Rilda, Álvaro, Eliana e Alexandre. [...]

Disponível em: <www2.uol.com.br/ruthrocha/historiadaruth.htm>. Acesso em: 4 fev. 2013.

Karime Xavier/ Folhapress

- Trecho 2

Tenho boas lembranças da minha mãe nessa época. Era carinhosa, magra, morena, e se vestia bem mesmo em casa, com roupa que ela mesma costurava. [...]

Nas ruas do Brás, de Drauzio Varella. São Paulo: Companhia das Letrinhas, 2000. p. 33.

a) Qual dos trechos é uma biografia? E qual deles é um conto de memórias?

____

____

____

____

b) Ruth Rocha e Drauzio Varella nasceram na cidade de São Paulo. Quais adjetivos pátrios podem se referir a eles? Assinale com um **X** as respostas corretas.

- [ ] cubano(a)
- [ ] carioca
- [ ] paulistano(a)
- [ ] pernambucano(a)
- [ ] paulista
- [ ] brasileiro(a)

c) Sublinhe os adjetivos que aparecem no trecho 2.

CAPÍTULO

8 TIC-TAC!

LEITURA 1

Como você percebe que o tempo está passando?
Você já viu algum relógio que fizesse barulho?

O relógio

Passa, tempo, tic-tac
Tic-tac, passa, hora
Chega logo, tic-tac
Tic-tac, e vai-te embora
Passa, tempo
Bem depressa
Não atrasa
Não demora
Que já estou
Muito cansado
Já perdi
Toda a alegria
De fazer
Meu tic-tac
Dia e noite
Noite e dia
Tic-tac
Tic-tac
Tic-tac...

Reprodução/Ed. Companhia das Letrinhas

A arca de Noé: poemas infantis, de Vinicius de Moraes. São Paulo: Companhia das Letrinhas, 2004.

Hagaquezart Estúdio/Arquivo da editora

Vinicius de Moraes

Nasceu no Rio de Janeiro em 1913. Formou-se em Direito e trabalhou como diplomata, profissão que possibilitou a ele viver em vários lugares do mundo, como Los Angeles, Paris e Londres.

Além de ser poeta, Vinicius ficou conhecido por escrever letras de canções como **Garota de Ipanema** e **Chega de saudade**, que compôs com Tom Jobim.

O poema **O relógio** faz parte do único livro infantil escrito por Vinicius de Moraes.

Sidney Corrallo/Agência Estado

ATIVIDADES

1 Assinale com um **X** a resposta correta. O poema que você leu serve para:

- [ ] entreter, divertir.
- [ ] informar sobre um acontecimento.
- [ ] instruir sobre o funcionamento de um relógio.

2 A ideia central do poema é a de que o tempo deve passar mais devagar ou mais depressa? Copie um trecho que confirme sua resposta.

____

____

____

3 A repetição da expressão **tic-tac** indica que:

- [ ] o relógio está desregulado.
- [ ] o relógio é barulhento e provoca um desconforto.
- [ ] há pressa e o tempo demora a passar.

4 Quantos versos há no poema? E quantas estrofes?

____

5 Que palavra presente no poema melhor representa o som produzido por um relógio?

____

Hagaquezart Estúdio/Arquivo da editora

6 Em sua opinião, por que o título do poema é **O relógio**?

---

7 Agora, vamos realizar uma leitura diferente do poema **O relógio**. Com a ajuda do professor, leia o poema batendo palma sempre que pronunciar as sílabas em destaque.

Passa, **tem**po, tic-**tac**
Tic-**tac**, passa, **ho**ra
Chega **lo**go, tic-**tac**
Tic-**tac**, e vai-te em**bo**ra
Passa, **tem**po
Bem de**pre**ssa
Não a**tra**sa
Não de**mo**ra
Que já es**tou**
Muito can**sa**do
Já per**di**
Toda a ale**gri**a
De fa**zer**
Meu tic-**tac**
Dia e **noi**te
Noite e **di**a
Tic-**tac**
Tic-**tac**
Tic-**tac**...

Hagaquezart Estúdio/ Arquivo da editora

A marcação de algumas sílabas dos versos do poema **O relógio**, como feita nesta atividade, diz respeito a um elemento importante do poema: o **ritmo**, que é uma sequência de sons curtos ou prolongados que podem se repetir em intervalos regulares.

MERGULHO NA ESCRITA ORTOGRAFIA

Letras m e n

1 Releia os primeiros versos do poema **O relógio** e observe a posição da letra **m** nas palavras em destaque:

Passa, **tempo**, tic-tac
Tic-tac, passa, hora
Chega logo, tic-tac
Tic-tac, e vai-te **embora**

Hagaquezart Estúdio/Arquivo da editora

a) A letra **m** aparece antes de quais letras?

____

b) A letra **m** pode aparecer antes de outras consoantes, além de **p** e **b**?

2 Complete as palavras abaixo com **m** ou **n**.

a) prese____te

b) ve____to

c) i____telige____te

d) a____bie____te

e) se____time____to

f) pacie____te

> Usa-se **m** antes de **p** e **b** e no final de palavras. Antes das demais consoantes, usa-se **n**.

3 Leia a cantiga abaixo e sublinhe as palavras que tenham as letras **m** ou **n**.

Pombinha branca
Que está fazendo?
Lavando roupa
Pro casamento.
Vou me lavar,
Vou me secar,
Vou na janela
Pra namorar.

Passou um homem
De terno branco,
Chapéu de lado
Meu namorado.
Mandei entrar,
Mandei sentar,
Cuspiu no chão:
— Limpa aí, seu porcalhão.
Tenha mais educação.

Domínio público

PriWi/ Arquivo da editora

- Agora, escreva as palavras que você sublinhou nas colunas adequadas.

Palavra com m **antes de** p **e** b	**Palavra com** n **antes de consoantes**	**Palavra com** m **no final**

MERGULHO NA ESCRITA GRAMÁTICA

Concordância: artigo, substantivo e adjetivo

1 Leia uma curiosidade sobre as medidas de tempo.

PriWi/Arquivo da editora

Os homens primitivos já sabiam calcular o tempo. Ao saírem para caçar, ficavam de olho na posição da própria sombra. Assim sabiam a hora de voltar para casa antes do anoitecer.

Disponível em: <www.recreio.com.br/fique-ligado/confira-12-curiosidades-incriveis-sobre-relogios>. Acesso em: 5 fev. 2013.

a) Relacione as colunas a seguir.

1 os	( ) adjetivo
2 homens	( ) artigo
3 primitivos	( ) substantivo

b) Passe o trecho "Os homens primitivos" para o singular.

____

2 Passe as frases abaixo para o feminino, mantendo a concordância.

a) Os meninos mimados não queriam mais brincar.

b) O pai dela era um homem nervoso.

c) O irmão caçula não gostava de futebol.

3 Descreva as imagens abaixo usando artigos, substantivos e adjetivos.

a) 

Pressmaster/Shutterstock/Glow Images

c) 

Wavebreakmedia/Shutterstock/Glow Images

b) 

VaLiza/Shutterstock/Glow Images

d) 

Amlani/Shutterstock/Glow Images

LEITURA 2

Você sabia que em alguns relógios antigos existia um elemento chamado pêndulo? Você sabe o que é um pêndulo?

Leia o poema visual abaixo e converse sobre isso com os colegas.

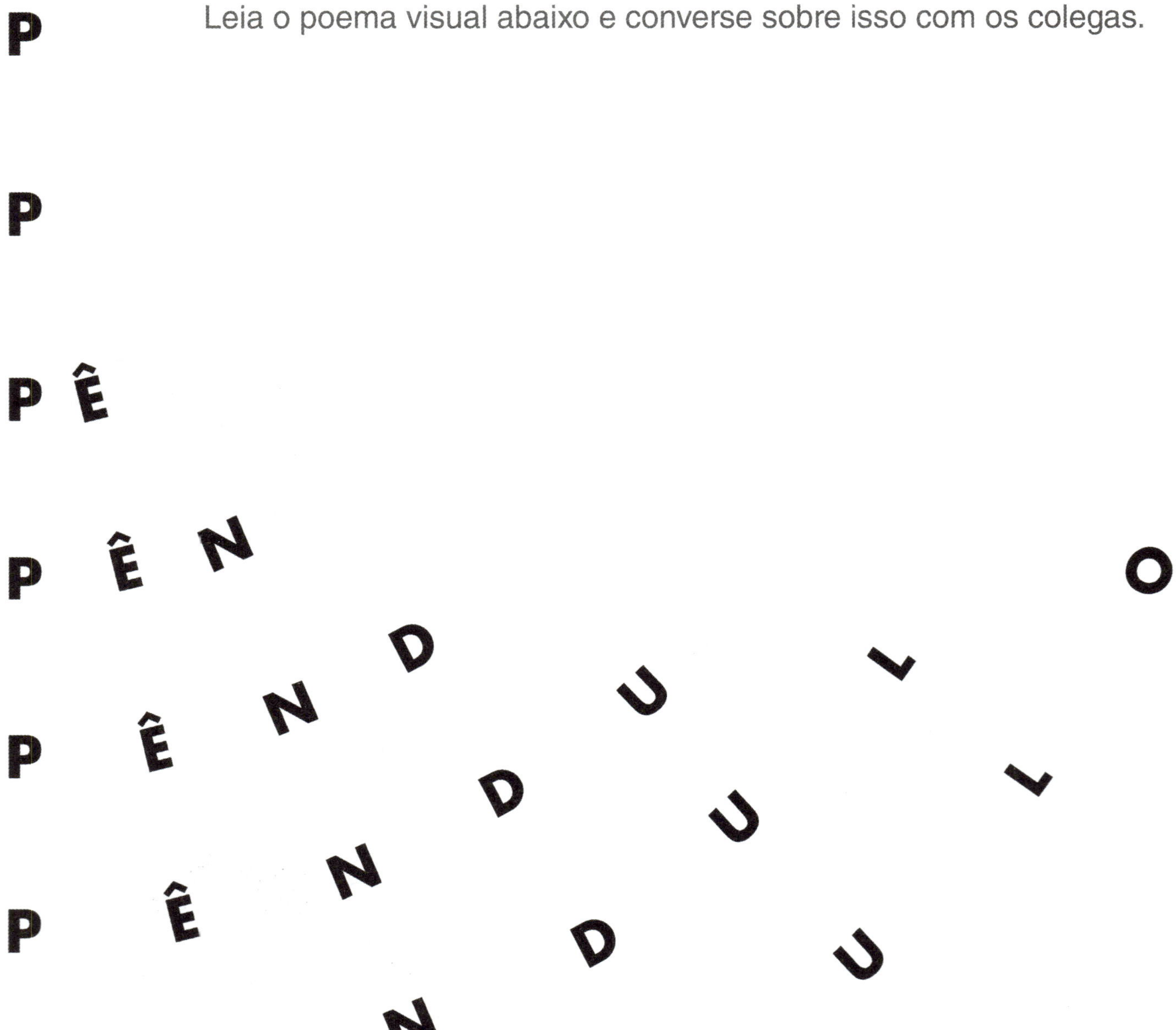

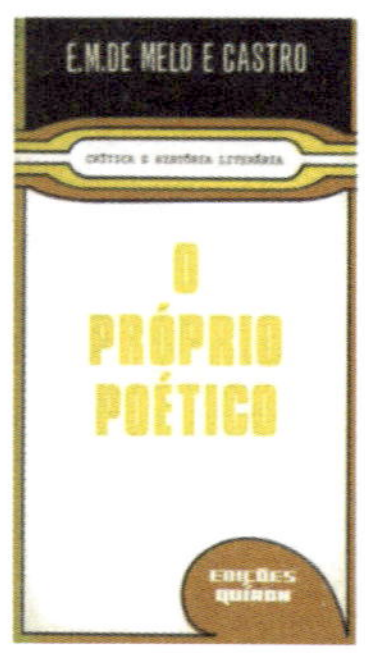

O próprio poético, de Ernesto Manuel de Melo e Castro. São Paulo: Quirón, 1973.

ATIVIDADES

1 Assinale a imagem que mais se relaciona com o poema visual **Pêndulo**.

As imagens não estão representadas em tamanho proporcional entre si.

Artur Synenko/Shutterstock/Glow Images

( )

Leojones/Shutterstock/Glow Images

( )

Prudkov/Shutterstock/Glow Images

( )

Sergey Melnikov/Shutterstock/Glow Images

( )

2 Que imagem é formada pelos versos do poema **Pêndulo**?

____

____

Nos **poemas visuais**, os versos e as palavras formam figuras. Sempre há relação do conteúdo do poema com a forma em que ele está escrito.

3 Você leu o poema visual **Pêndulo** do mesmo modo que leu o poema **O relógio**?

4 O que os poemas **Pêndulo** e **O relógio** têm em comum?

____

____

____

____

____

MERGULHO NA ESCRITA ORTOGRAFIA

Som nasal

1 Leia a palavra **pêndulo** tampando as narinas. O que aconteceu?

2 Acrescente a letra **n** nas palavras abaixo e descubra novas palavras.

a) grade ______________

b) meta ______________

c) pote ______________

d) troco ______________

e) mato ______________

f) cata ______________

> As letras **m** e **n** em final de sílaba deixam as vogais com som nasal:
>
> **teto → tento** **mudo → mundo**
>
> O **til** (~) sobre as vogais **a** e **o** também indica som nasal:
>
> **mãe** **corações** **irmã**

3 Descubra as respostas das adivinhas.

Dica: todas as palavras têm som nasal.

a) É o que mantém sempre o mesmo tamanho, não importa o peso.

____

b) É aquilo que nunca para de passar. ______________

c) É o que passa diante do Sol sem fazer sombra. ______________

d) É o que tem no pomar e no paletó. ______________

PriWi/Arquivo da editora

4 Leia o poema e responda às questões abaixo.

Quando o tempo desaparece,
ele deixa sinais na gente,
chamados de lembranças.
Elas moram na nossa mente!
São muitas e muitas,
cada dia vão aumentando.
Umas permanecem vivas,
mas outras vão se apagando.

A incrível fuga da cebola, de Sara Fanelli, tradução de Elza Mendes. São Paulo: Ática, 2012.

PriWi/Arquivo da editora

a) Em quais palavras a letra **m** indica que a vogal representa som nasal?

b) No poema, sublinhe as palavras em que o som nasal é indicado pelo **til**.

c) Em quais palavras a letra **n** indica que a vogal representa som nasal?

MEUS TEXTOS

Poema visual

Neste capítulo, você conheceu o poema visual **Pêndulo**. Que tal escrever um poema visual e compartilhá-lo com os colegas?

Para se inspirar, veja mais dois poemas visuais.

Se você quiser ver mais poemas visuais, visite o *site* <www.ciberpoesia.com.br>. Acesso em: 10 fev. 2016.

111 poemas para crianças, de Sérgio Capparelli. Porto Alegre: L&PM, 2003.

Planejamento

1 Pense sobre as questões abaixo para definir o conteúdo e a forma do seu poema.

- Que relação a forma do seu poema terá com o conteúdo?
- Essa relação ficará clara para que outras pessoas a identifiquem durante a leitura do poema? Seu poema terá um título?

Rascunho

2 Faça a primeira versão de seu poema visual em uma folha de papel sulfite.

Revisão

3 Agora, forme dupla com um colega e compartilhem uma leitura dos poemas visuais produzidos. Utilizem o quadro abaixo para revisá-los.

	Sim	Preciso fazer/refazer
O poema forma uma figura?		
É fácil identificar a figura formada?		
O conteúdo e a forma do poema visual estão relacionados?		

Meu texto

Faça a versão final de seu poema visual em outra folha, fazendo os ajustes que considerar necessários. Depois de prontos, os poemas de toda a turma serão expostos para que outros alunos da escola possam apreciá-los.

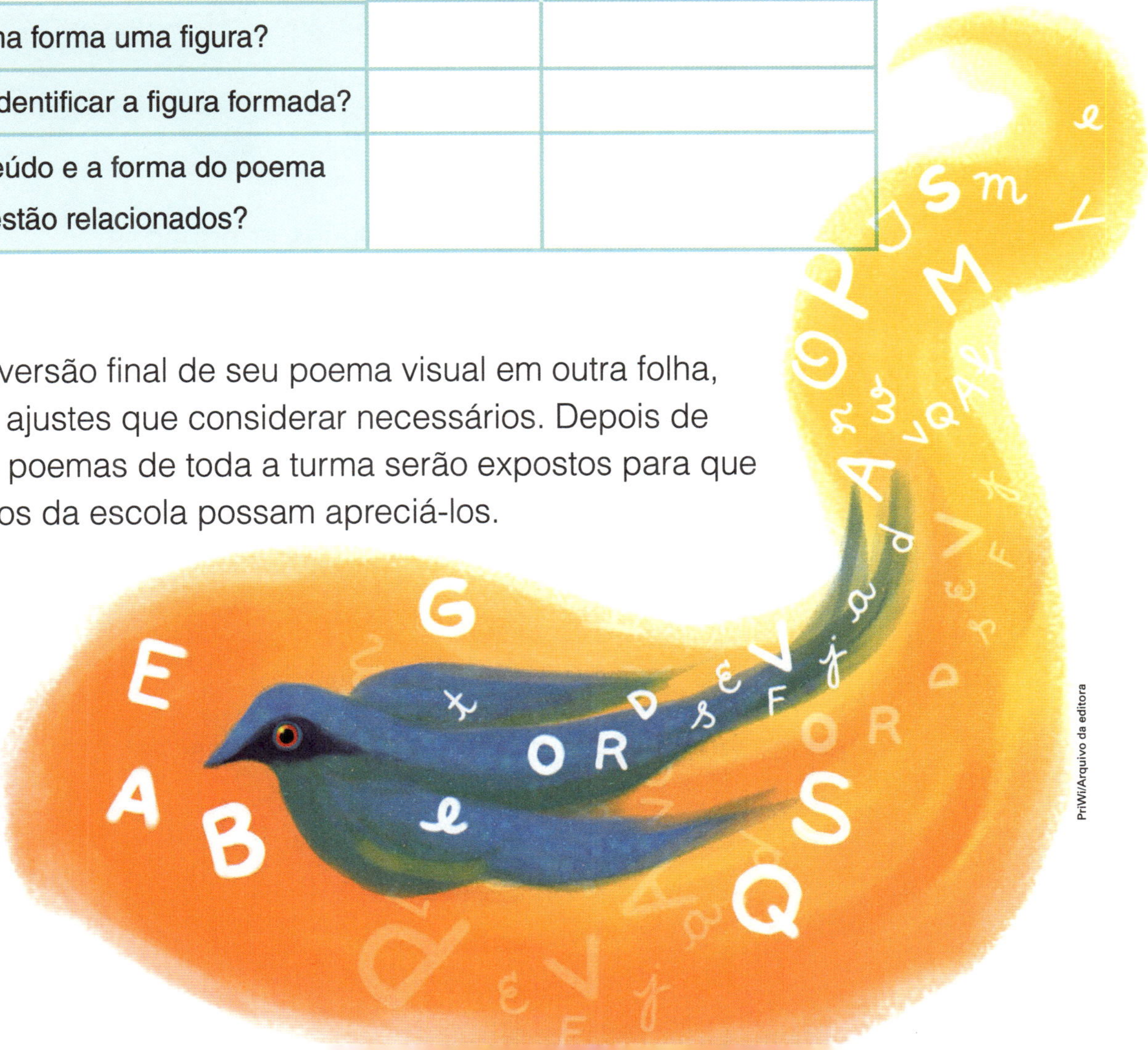

PriWi/Arquivo da editora

ATIVIDADES DO CAPÍTULO

1. Leia a cantiga e responda às questões abaixo.

Alecrim, alecrim dourado
Que nasceu no campo
Sem ser semeado.

Foi meu amor
Que me disse assim
Que a flor do campo é o alecrim.

Domínio público.

PriWi/Arquivo da editora

a) Distribua as palavras da cantiga nas colunas adequadas.

m **antes de** p **e** b	m **indicando som nasal**

b) Há na cantiga alguma palavra com **n** antes de consoante?

2. Assinale **V** para as afirmações verdadeiras e **F** para as falsas.

- [ ] Nos poemas visuais, a figura formada não tem relação com o conteúdo.
- [ ] As pessoas podem ler os poemas para se entreter, se divertir.
- [ ] O poema **O relógio**, de Vinicius de Moraes, tem ritmo.

3. Crie frases usando os artigos, os substantivos e os adjetivos abaixo.

PriWi/Arquivo da editora

____

____

____

____

____

CAPÍTULO 9

ISSO NÃO É DO MEU TEMPO!

LEITURA 1

Quais são seus brinquedos favoritos?

Você acha que as crianças de antigamente brincavam com brinquedos diferentes dos que existem hoje em dia?

tento: abertura costurada com cadarço.

A bola

O pai deu uma bola de presente ao filho. Lembrando o prazer que sentira ao ganhar a sua primeira bola do pai. Uma número 5 sem tento oficial de couro. Agora não era mais de couro, era de plástico. Mas era uma bola.

O garoto agradeceu, desembrulhou a bola e disse: "Legal". Ou o que os garotos dizem hoje em dia quando não gostam do presente ou não querem magoar o velho. Depois começou a girar a bola, à procura de alguma coisa.

— Como é que liga? — perguntou.

— Como é que liga? Não se liga.

O garoto procurou dentro do papel embrulhado.

— Não tem manual de instrução?

O pai começou a desanimar e a pensar que os tempos são outros. Que os tempos são decididamente outros.

— Não precisa de manual de instrução.

— O que é que ela faz?

— Ela não faz nada. Você é que faz as coisas com ela.

— O quê?

— Controla, chuta...

Fabiana Salomão/Arquivo da editora

— Ah, então é uma bola.

— Claro que é uma bola.

— Uma bola, bola. Uma bola mesmo.

— Você pensou que fosse o quê?

— Nada, não.

O garoto agradeceu, disse "Legal" de novo, e dali a pouco o pai o encontrou na frente da tevê, com a bola nova do lado, manejando os controles de um *videogame*. Algo chamado *Monster Ball*, em que times de monstrinhos disputavam a posse de uma bola em forma de *blip* eletrônico na tela ao mesmo tempo que tentavam se destruir mutuamente. O garoto era bom no jogo. Tinha coordenação e raciocínio rápido. Estava ganhando da máquina.

O pai pegou a bola nova e ensaiou algumas embaixadas. Conseguiu equilibrar a bola no peito do pé, como antigamente, e chamou o garoto.

— Filho, olha.

O garoto disse "Legal" mas não desviou os olhos da tela. O pai segurou a bola com as mãos e cheirou, tentando recapturar mentalmente o cheiro de couro. A bola cheirava a nada. Talvez o manual de instrução fosse uma boa ideia, pensou. Mas em inglês, para a garotada se interessar.

blip: ponto luminoso refletido em uma tela de radar, indicando a posição de algum objeto.

recapturar: capturar novamente; recuperar.

Reprodução/Ed. Ática

Festa de criança, de Luis Fernando Verissimo. São Paulo: Ática, 2002. p. 29-30.

Luis Fernando Verissimo

Nasceu em 1936, na cidade de Porto Alegre (RS). Assim como seu pai, Erico Verissimo, tornou-se um escritor reconhecido. Ficou famoso principalmente por suas crônicas, textos humorísticos e tirinhas, que desenhou durante quase trinta anos para vários jornais.

Neco Varella/Folhapress

ATIVIDADES

1 Qual foi a primeira pergunta que o menino fez ao pai ao descobrir que o presente era uma bola?

____

2 Pela leitura do texto, pode-se afirmar que o menino nunca tinha brincado com uma bola? Por quê?

____

____

____

3 Sublinhe o trecho do texto que apresenta o que o menino falou ao abrir o presente. Depois, responda às perguntas abaixo.

a) O que o menino pode ter dito, além de "Legal"?

____

____

____

____

b) Você acha que o menino gostou do presente? Por quê?

____

____

____

PriWi/Arquivo da editora

4 Assinale com um **X** a resposta correta. O texto que você leu apresenta:

- [ ] uma história com fadas, duendes e outros seres fantásticos.
- [ ] uma história comum, com acontecimentos semelhantes aos que acontecem no dia a dia.
- [ ] uma história com animais que revela uma moral ao final.

PriWi/Arquivo da editora

> As **crônicas** caracterizam-se por apresentar histórias cotidianas, relacionadas aos fatos do dia a dia, em geral com um tom humorístico ou crítico.

5 O menino jogava bola tão bem como jogava *videogame*? Explique sua resposta.

____

____

____

6 Em sua opinião, o que o pai do menino sentiu ao notar a reação do filho?

____

____

____

____

7 Como você acha que reagiria se ganhasse um brinquedo inesperado ou que não o conhecesse?

____

____

____

MERGULHO NA ESCRITA ORTOGRAFIA

A letra c e o ç

1 Releia um trecho da crônica **A bola** e responda às questões abaixo.

> O garoto procurou dentro do papel embrulhado.
>
> — Não tem manual de instrução?
>
> O pai começou a desanimar e a pensar que os tempos são outros. Que os tempos são decididamente outros.

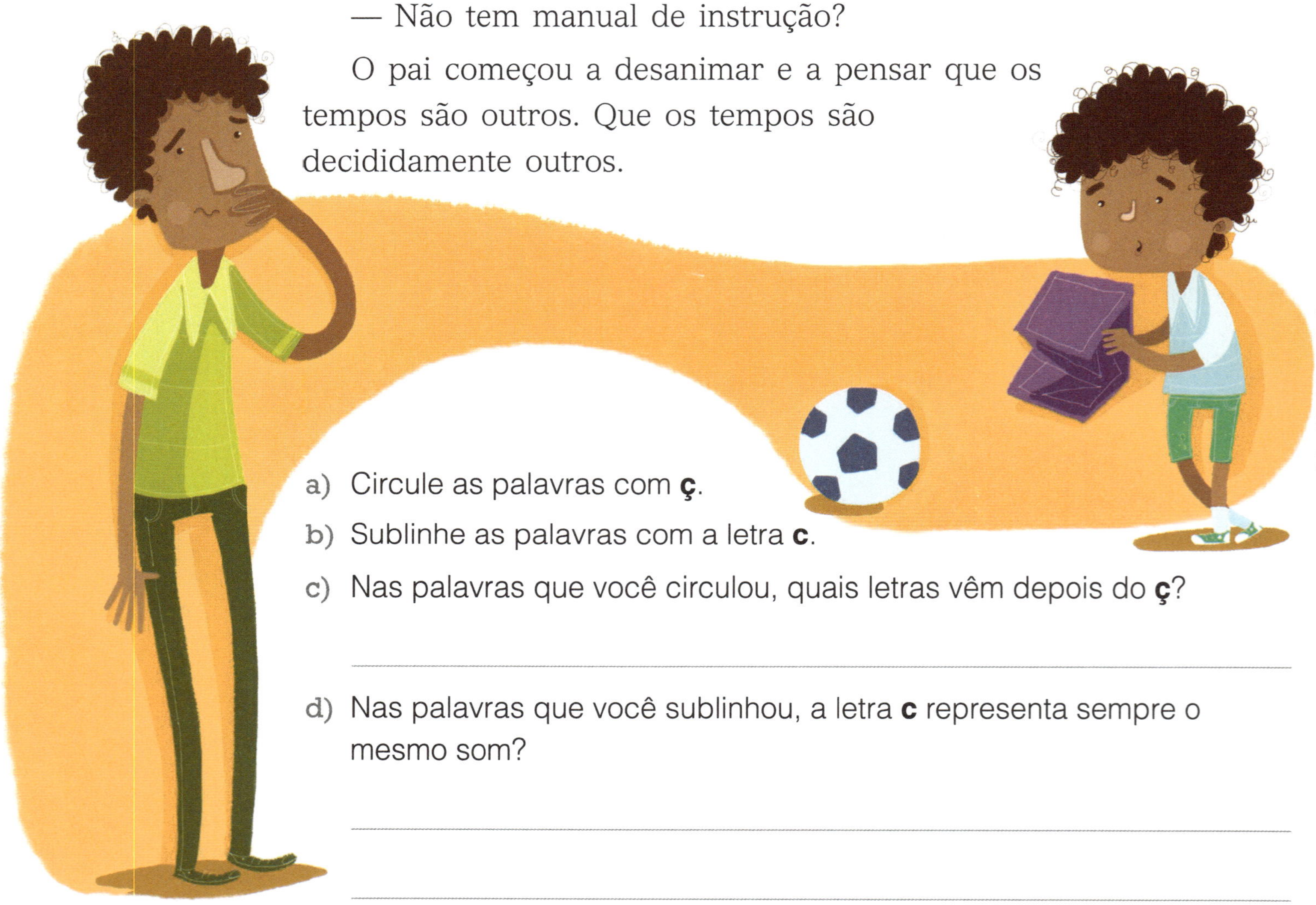

Fabiana Salomão/Arquivo da editora

a) Circule as palavras com **ç**.

b) Sublinhe as palavras com a letra **c**.

c) Nas palavras que você circulou, quais letras vêm depois do **ç**?

____

d) Nas palavras que você sublinhou, a letra **c** representa sempre o mesmo som?

____

____

____

> Antes de **e** e **i**, a letra **c** representa o mesmo som que o **ç**, como nas palavras **cebola** e **cirurgia**.
>
> Antes de **a**, **o** e **u**, a letra **c** representa o mesmo som que a letra **k**, como nas palavras **casa**, **coragem** e **cura**.

2 Pesquise, em grupo, cinco palavras escritas com **ç** e copie-as nas colunas adequadas, de acordo com a vogal que vem depois.

ç + a	ç + e	ç + i	ç + o	ç + u

a) Seu grupo encontrou alguma palavra para escrever na coluna **ç + e**? E na coluna **ç + i**?

b) Algum grupo da classe encontrou alguma palavra iniciada com **ç**?

c) Escreva as conclusões do grupo com relação ao uso do **ç**.

PriWi/Arquivo da editora

MERGULHO NA ESCRITA GRAMÁTICA

Linguagem formal e linguagem informal

1 Leia os bilhetes e responda às questões abaixo.

Bilhete 1

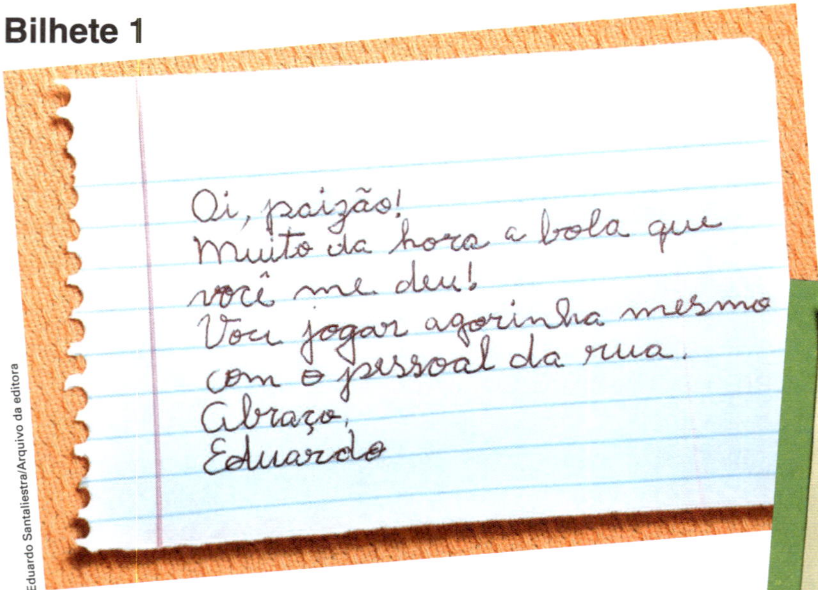

Eduardo Santaliestra/Arquivo da editora

Bilhete 2

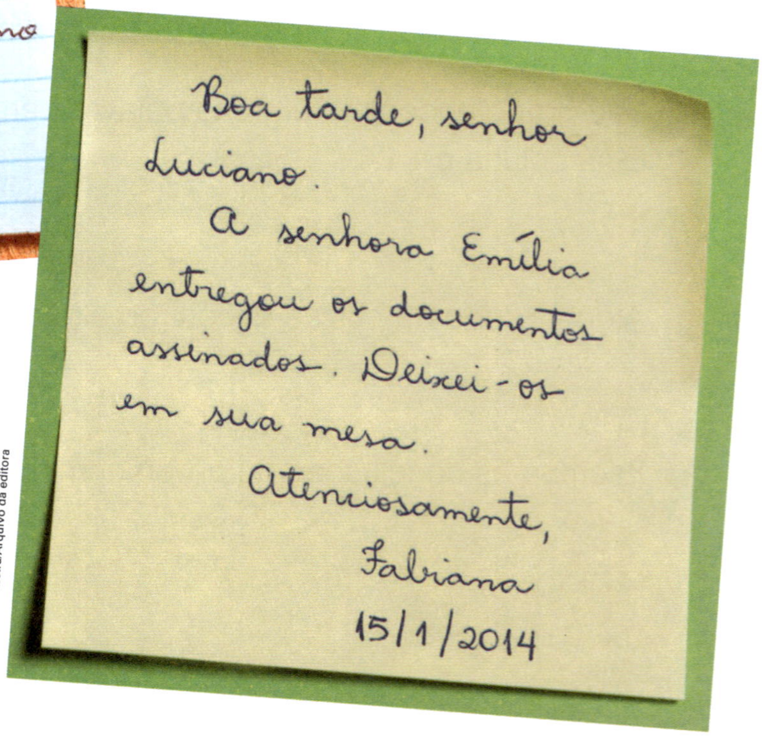

Eduardo Santaliestra/Arquivo da editora

a) Assinale o que os dois bilhetes têm em comum.

- ☐ saudação inicial
- ☐ assinatura
- ☐ uso de dois-pontos e travessão

b) Em qual dos dois bilhetes se usa linguagem formal, ou seja, mais séria?

____

2 Leia o convite abaixo.

Tissiana Kelley/Shutterstock/Glow Images

a) O convite está escrito em linguagem formal ou informal?

____

b) Em sua opinião, um convite de casamento poderia ser escrito com a mesma linguagem?

> A **linguagem informal** é usada entre amigos e familiares. Caracteriza-se pelo uso de expressões do dia a dia e de gírias.
>
> A **linguagem formal** é usada entre pessoas que não se conhecem ou têm pouca proximidade. Caracteriza-se pela seriedade.

LEITURA 2

Você gosta de ouvir histórias antes de dormir?
Quais são as suas prediletas?

Mãe, me conta aquela...

Pedrinho, de pijama, deitado, olhos procurando alguma coisa perdida no teto, pediu à mãe.

— Mãe, me conta aquela...

A mãe, deitada na cama ao lado, procurando descansar um pouco enquanto o filho se preparava para dormir, não teve jeito.

— Aquela qual?

— Aquela da Cinderela.

— Ah!... Bem, era uma vez uma moça pobre e órfã que morava com a madrasta e suas três filhas.

— Tudo isso, mãe? Tanto filho assim? Você não vive falando que ter mais de dois filhos em casa é loucura?!

— ... ela era muito maltratada pela madrasta...

— Só porque queria, né, mãe? A senhora não vê na novela como as filhas brigam com as madrastas? Onde já se viu? Então essa moça, além de órfã e pobre, era muito boba.

— As coisas boas, as melhores roupas, a comida mais gostosa, tudo era para as filhas dela. O resto, o que sobrava, era para a enteada. Além disso, ela vivia sempre suja, por causa dos serviços de casa e do borralho do fogão...

Fabiana Salomão/Arquivo da editora

— Borralho, mãe? O que é isso?

— Borralho é o resto das brasas e cinzas da lenha que queimou e fez fogo para preparar a comida.

— Fogão a lenha, mãe?

— É.

— Mãe, isso não existe mais. As casas só têm fogão a gás.

— Bem… um dia haveria um baile no reino para o príncipe escolher sua mulher. As filhas da madrasta encomendaram vestidos lindíssimos para as melhores costureiras do reino.

— Elas não compraram vestidos prontos nas lojas, mãe?

— Não… mandaram fazer. No dia do baile, as três moças enfeitaram-se todas, mas mesmo assim, como eram horrorosas, continuaram feias. Na hora de sair para o baile, olharam com ar de pouco-caso para a irmã de criação.

Fabiana Salomão/Arquivo da editora

— E ela não falou nada, mãe?

— Não, filho. Foi para um canto da cozinha, perto do borralho, onde era o seu lugar.

— Puxa, mãe, que moça bola murcha! Tava esperando cair algum presente do céu?

— Daí... de repente, apareceu uma fada madrinha e presenteou-a com um vestido lindíssimo, sapatos de cristal e uma carruagem puxada por seis cavalos brancos.

— Pô, mãe, acho que você está por fora da história. Na verdade, a moça não tinha fada madrinha, coisa nenhuma. Ela foi mesmo é quebrar o maior pau com o pai dela e disse para o velho: “Olha aqui, pai, ou você me dá uns trocos para eu comprar uma roupa e ir no baile...”. Certo, mãe?

A mãe concordou:

— É...

— E ela deu mais um aperto no pai: “Que droga de pai é você, que deixa a madrasta fazer o que quer com sua filha!”. O pai não teve outra saída senão arrumar mais dinheiro pra filha comprar suas coisas. Como ela era mais bonita, foi ao baile e acabou arrumando um namorado. Certo, mãe?

Fabiana Salomão/Arquivo da editora

A mãe continuava ouvindo:

— ...

— Depois do baile, suas irmãs comentaram: "Já era hora de arrumar um namorado, pois está ficando velha!". Mas esse namoro não deu certo porque o cara era muito mandão e queria mandar em tudo na vida da pobre Cinderela.

Pedrinho fez uma pausa, satisfeito.

— Gostou da história, mãe?

A mãe não respondeu. Pedrinho tornou a perguntar:

— Gostou, mãe?

A mãe não respondeu, claro. Tinha dormido gostosamente na cama ao lado. Pedrinho ajeitou-se também na cama e se preparou para mais uma noite de sono e sonhos.

Como em todas as outras, certamente fadas, bruxas, duendes, cinderelas e mágicos estariam fazendo parte da sua noite.

Treze contos, de Edson Gabriel Garcia. São Paulo: Atual, 2005.

Reprodução/Atual Editora

Fabiana Salomão/Arquivo da editora

ATIVIDADES

1 A história que a mãe contou ao menino é:

- ☐ uma fábula.
- ☐ um conto de fadas.
- ☐ um poema.

2 Quais são os personagens do conto **Mãe, me conta aquela...**?

____

3 O conto que você leu se passa no decorrer de:

- ☐ uma semana.
- ☐ dois dias.
- ☐ uma noite.

Contos são narrativas curtas, com poucos personagens, que geralmente ocorrem em um curto período de tempo.

Bobb Kiissourski/Shutterstock

4 Em sua opinião, o menino pode comparar a história da Cinderela aos costumes da atualidade? Por quê?

____

____

____

____

____

____

5 Você gostou da versão da história de Cinderela que o menino criou e contou para a mãe? Por quê?

6 Na história inventada pelo menino, a Cinderela e o príncipe se casam e vivem felizes para sempre? O que acontece?

7 Enquanto ouvia a história da Cinderela, o menino identificou certos costumes que mudaram. Busque no texto alguns exemplos dessas mudanças e escreva-os abaixo.

8 Qual é sua versão preferida: a história original da Cinderela ou a história que o menino inventou? Por quê?

MERGULHO NA ESCRITA GRAMÁTICA

Substantivos coletivos

1 Assinale com um **X** a resposta correta. Na história, a madrasta da Cinderela tem muitas filhas. Isso significa que ela tem uma:

- [ ] prole.
- [ ] constelação.
- [ ] coletânea.

2 Leia a tirinha e responda às questões abaixo.

Macanudo n. 3, de Liniers. Tradução de Claudio R. Martini. Campinas: Zarabatana Books, 2010. p. 83.

a) Qual é o coletivo de **livros**?

____

b) Você conhece outros coletivos? Quais?

____

____

____

____

3 Pesquise e escreva os coletivos dos elementos abaixo. Siga o exemplo.

a) estrelas: constelação.

b) mapas: ______.

c) músicos: ______.

d) árvores: ______.

e) cães: ______.

Coletivo é o substantivo que, mesmo no singular, nomeia um conjunto de objetos ou seres.

Fabiana Salomão/Arquivo da editora

4 Veja abaixo uma lista com alguns coletivos.

álbum: selos, figurinhas
alcateia: lobos
arquipélago: ilhas
banda: músicos
biblioteca: livros
bosque: árvores
cacho: bananas, uvas
cáfila: camelos
cardume: peixes
colmeia: abelhas
constelação: estrelas
cordilheira: montanhas
elenco: atores
enxame: abelhas
enxoval: roupas
esquadra: navios
esquadrilha: aviões
exército: soldados
fauna: animais
flora: vegetais
manada: bois
matilha: cães
molho: chaves
orquestra: músicos
prole: filhos
quadrilha: ladrões, bandidos
ramalhete: flores
réstia: alhos, cebolas
time: jogadores
vara: porcos

Berezina/Shutterstock/Glow Images

MEUS TEXTOS

Debate

Neste capítulo você leu dois textos que mostram diferenças entre o passado e o presente. Na crônica **A bola**, um menino não sabia brincar com o brinquedo que seu pai adorava na infância. No conto **Mãe, me conta aquela...**, o menino foi modificando a história da Cinderela que sua mãe contava. E você, o que pensa sobre isso? Os brinquedos de hoje são melhores que os do passado? As histórias de contos de fadas não têm mais relação com o que vivemos no presente?

Que tal fazer um debate sobre esse assunto e descobrir se os colegas pensam como você? O professor vai mediar o debate, ou seja, vai coordená-lo.

Planejamento

1 O mediador vai dividir a turma em dois grandes grupos: um vai defender os brinquedos do passado e o outro, os brinquedos de hoje. Entre em um desses grupos de acordo com o seu ponto de vista e siga as instruções abaixo:

- Prepare, com seu grupo, uma defesa do ponto de vista que vocês assumiram. Se o grupo achar pertinente, elaborem uma lista de argumentos que servirá de roteiro para o momento da apresentação.
- Depois da apresentação, prepare com seu grupo as perguntas que pretendem fazer ao grupo oponente.
- O mediador vai sortear o grupo que fará a primeira pergunta e determinar quanto tempo cada um terá para fazer a apresentação, elaborar as perguntas, preparar as respostas e responder.

Apresentação

2 Organize-se com seu grupo e siga as orientações do mediador para participar do debate, apresentando e defendendo o ponto de vista assumido por vocês.

Autoavaliação

3 Depois da apresentação, preencha o quadro abaixo, fazendo uma autoavaliação de sua participação no debate.

	Sim	Preciso fazer/refazer
Respeitei os tempos determinados pelo mediador?		
Ouvi atentamente o grupo oponente e respeitei a fala de seus integrantes sem fazer interrupções?		
Consegui defender o ponto de vista do meu grupo?		

4 Converse com os colegas do seu grupo sobre quais pontos você acredita que precisarão ser revistos nos próximos debates. Permita que eles opinem, dizendo se concordam ou não com a autoavaliação que você fez.

PriWi/Arquivo da editora

ATIVIDADES DO CAPÍTULO

1. Numere as definições conforme as indicações abaixo.

(1) Crônica

(2) Conto

(   ) História com tom de crítica ou humor.

(   ) História que costuma ter poucos personagens.

(   ) História relacionada a situações do dia a dia.

(   ) Narrativa que geralmente ocorre em um curto período de tempo.

2. Circule o bilhete que seria mais adequado para solicitar uma conversa com o diretor da escola.

E aí, diretor? Tudo na boa?
Estou precisando trocar uma ideia contigo.
Falou!

Olá, diretor.
Preciso conversar um instante com o senhor.
Quando puder, por gentileza, me chame.
Obrigado.

- Você escolheu o bilhete com linguagem formal ou informal? Por quê?

3. Complete as palavras do quadro com **c** ou **ç**.

al____ateia elen____o ____onstela____ão

bibliote____a exér____ito

a) O que essas palavras têm em comum?

b) Em todas as palavras, a letra **c** representa o mesmo som? Por quê?

c) Os coletivos que você completou designam quais elementos?

PriWi/Arquivo da editora

O QUE APRENDI?

Ilustrações: Regina Mizuno; imagens: Shutterstock/Glow Images

1. Observe a imagem acima. Imagine que as fotografias registram as fases da vida de um homem. Leia as situações e numere os itens abaixo.

   [1] Se esse homem fosse escrever uma narrativa sobre a vida dele, seria mais adequado que ele escrevesse...

   [2] Se outra pessoa desejasse escrever a história da vida desse homem, seria mais adequado que ela escrevesse...

   [3] Se esse homem fosse escrever sobre um episódio da vida dele que tivesse acontecido recentemente, seria mais apropriado que ele escrevesse...

   [4] Se ele quisesse escrever um texto com versos, rimas e ritmo para declarar seu amor à namorada, seria mais apropriado que ele escrevesse...

   [ ] um poema.

   [ ] uma crônica.

   [ ] um conto de memórias.

   [ ] uma biografia.

2. Imagine que alguém tenha começado a escrever uma biografia desse homem da seguinte maneira:

José Paulo nasceu em Indaiatuba, interior de São Paulo. Na infância, tinha apenas quatro brinquedos: uma bicicleta, uma bola de futebol, uma bola de vôlei e um jogo de peças para montar que ganhou do avô soteropolitano. Quando fez vinte anos, José se mudou para a capital. Ele desejava estudar engenharia.

a) Quais adjetivos pátrios podem ser usados para se referir a José Paulo?

☐ brasileiro ☐ paulista ☐ soteropolitano

b) Encontre no trecho três palavras em que há indicação de som nasal e que sejam iniciadas pela letra **i**. Copie-as abaixo.

____

c) Em alguma das palavras que você escreveu no item anterior a letra **n** é seguida de **p** ou **b**? Por quê?

____

3. Observe a bola de futebol que aparece na imagem da página anterior e escreva adjetivos que a caracterizem.

____

MINHA COLEÇÃO DE PALAVRAS

Escreva, com suas palavras, o que você entende por:

- Linguagem formal:

____

____

- Linguagem informal:

____

____

UNIDADE 4

MEDO DE QUÊ?

- Observe a imagem e responda: o que a menina está sentindo? Por quê?
- Há nesta imagem personagens que você conhece? Quais?
- Eles fazem parte de alguma história específica?
- De onde você imagina que estes personagens saíram?

Filipe Rocha/Arquivo da editora

CAPÍTULO

10 VENCER O MEDO!

LEITURA 1

Leia o título da história que você vai conhecer em seguida e responda: do que você se lembrou?

Chapeuzinho Amarelo

[...]
Era a Chapeuzinho Amarelo

E de todos os medos que tinha
o medo mais que medonho
era o medo do tal do LOBO.
Um LOBO que nunca se via,
que morava lá pra longe,
do outro lado da montanha,
num buraco da Alemanha,
cheio de teia de aranha,
numa terra tão estranha,
que vai ver que o tal do LOBO
nem existia.

Mesmo assim a Chapeuzinho
tinha cada vez mais medo
do medo do medo do medo
de um dia encontrar um LOBO.
Um LOBO que não existia.

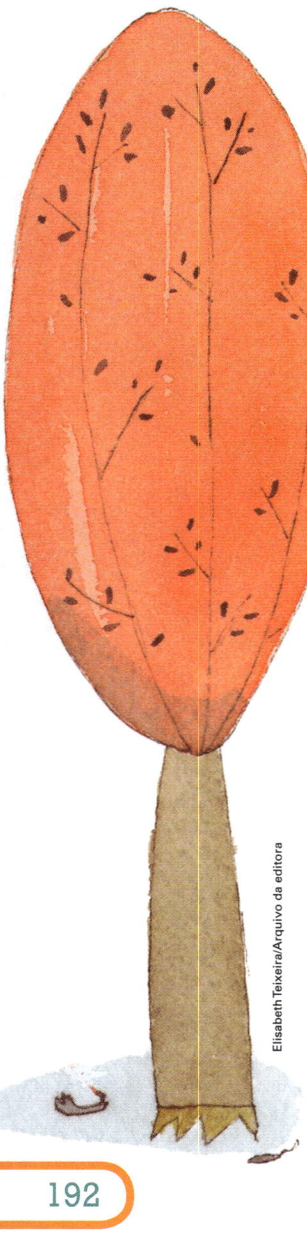

Elisabeth Teixeira/Arquivo da editora

E Chapeuzinho Amarelo,
de tanto pensar no LOBO,
de tanto sonhar com o LOBO,
de tanto esperar o LOBO,
um dia topou com ele
que era assim:
carão de LOBO,
olhão de LOBO,
jeitão de LOBO
e principalmente um bocão
tão grande que era capaz
de comer duas avós,
um caçador,
rei, princesa,
sete panelas de arroz
e um chapéu
de sobremesa.

Mas o engraçado é que,
assim que encontrou o LOBO,
a Chapeuzinho Amarelo
foi perdendo aquele medo,
o medo do medo do medo
de um dia encontrar um LOBO.

[...]

Reprodução/José Olympio Editora

Chapeuzinho Amarelo, de Chico Buarque. Rio de Janeiro: José Olympio, 2012. p. 12-20.

Chico Buarque

Nasceu em 1944, no Rio de Janeiro, filho do historiador e jornalista Sérgio Buarque de Holanda (1902-1982) e da pintora e pianista Maria Amélia Alvim (1910-2010). É cantor, compositor e escritor, reconhecido como um dos grandes nomes da música e da literatura nacionais.

Daniel Marenco/Folhapress

ATIVIDADES

1 Você conhece a história da Chapeuzinho Vermelho? Conte-a para os colegas.

2 A história da Chapeuzinho Vermelho tem semelhanças com a história da Chapeuzinho Amarelo? Quais?

Chapeuzinho Amarelo é uma **paródia** da história da Chapeuzinho Vermelho. Nas paródias há uma relação direta entre um texto original e outro reescrito, geralmente explorando elementos cômicos, engraçados.

3 Assinale com um **X** a alternativa que se refere à história da Chapeuzinho Amarelo.

- [ ] É contada em versos, contém algumas rimas e apresenta o lobo como um dos personagens.
- [ ] Começa com "Era uma vez...", apresenta rimas entre todos os versos e é bem curtinha.
- [ ] A vovó e o caçador também são personagens da história.

Elisabeth Teixeira/ Arquivo da editora

4 Os contos de fadas e os contos maravilhosos, em geral, começam com uma frase bem conhecida.

a) Que frase é essa?

b) Esse trecho da história da Chapeuzinho Amarelo começou do mesmo modo? Há alguma semelhança entre esses inícios? Explique.

5 Do que Chapeuzinho Amarelo mais tinha medo? Copie o trecho do texto que justifica sua resposta.

6 Localize, no texto, todas as vezes em que aparece a palavra **lobo**. Em sua opinião, por que essa palavra foi grafada com letras maiúsculas?

7 A Chapeuzinho Amarelo tinha motivos para ter tantos medos? Explique sua resposta.

Elisabeth Teixeira/Arquivo da editora

8 Na história original, a Chapeuzinho Vermelho tinha medo do lobo? Explique sua resposta.

9 Em sua opinião, como a Chapeuzinho Amarelo se sentiu depois que foi perdendo o medo que tinha de encontrar o lobo?

MERGULHO NA ESCRITA ORTOGRAFIA

As terminações -inho(a), -sinho(a) e -zinho(a)

1 Sublinhe, nos títulos dos livros, as palavras que estão no diminutivo.

Reprodução/José Olympio Editora

Chapeuzinho Amarelo, de Chico Buarque. Rio de Janeiro: José Olympio, 2012.

Reprodução/Editora Scipione

Os três porquinhos, de Roser Capdevila e Mercè Company. São Paulo: Scipione, 2004.

Reprodução/Editora Scipione

As trigêmeas e Chapeuzinho Vermelho, de Roser Capdevila e Mercè Company. São Paulo: Scipione, 2003.

Reprodução/Editora Ática

Polegarzinha, de Hans Christian Andersen. São Paulo: Ática, 1998.

Reprodução/Editora Scipione

Casinhas de bichos, de Hardy Guedes Alcoforado Filho. São Paulo: Scipione, 2007.

- Como seria o título da obra **Casinhas de bichos** se a primeira palavra não estivesse no diminutivo?

____

Quando a sílaba final da palavra tem **s**, forma-se o diminutivo com **-sinho(a)**. Exemplo: vaso – vas**inho**.

Quando a sílaba final da palavra não tem **s**, forma-se o diminutivo com **-zinho(a)** ou **-inho(a)**. Exemplos: pai – pai**zinho** / cama – cam**inha**.

2 Escreva o diminutivo das palavras abaixo:

a) sacola: ______________________

b) rua: ______________________

c) cidade: ______________________

d) dado: ______________________

e) bola: ______________________

f) garrafa: ______________________

g) tesoura: ______________________

h) rosa: ______________________

3 Encontre no quadro cinco palavras que estão no diminutivo.

A	D	E	N	T	I	N	H	O	W	O	M	S	B	L	U	S	I	N	H	A
Z	E	A	B	R	F	L	O	M	U	R	I	T	I	V	L	U	M	U	R	I
M	O	E	D	I	N	H	A	L	Z	M	C	O	P	I	N	H	O	Â	M	P
G	O	P	U	Q	U	F	L	A	U	T	I	N	H	A	X	E	U	Q	X	U

4 Observe esta obra do pintor holandês Vincent van Gogh (1853-1890).

a) Liste os objetos que você vê na pintura.

____

____

____

____

____

____

O quarto, de Vincent van Gogh, 1888. Óleo sobre tela.

b) Agora, escreva o nome dos objetos no diminutivo.

____

____

____

ENTENDER AS PALAVRAS: DICIONÁRIO

As letras s e z em final de palavra

1. Releia um trecho da história **Chapeuzinho Amarelo**. Preste atenção às palavras destacadas na cor **verde**.

[...]
um dia topou com ele
que era assim:
carão de LOBO,
olhão de LOBO,
jeitão de LOBO
e principalmente um bocão
tão grande que era **capaz**
de comer duas **avós**,
um caçador, rei, princesa,
sete **panelas** de **arroz**
e um chapéu de sobremesa.
[...]

- Agora observe estes pares:

Coluna 1	Coluna 2
o bocão capaz a avó a panela o arroz	os bocões capazes as avós as panelas os arrozes

a) Em qual coluna as palavras estão no plural?

____

b) Leia novamente as palavras do texto destacadas na cor **verde**. Quais delas estão no singular, ou seja, **não estão** no plural?

____

O plural pode ser representado, entre outras formas, com a letra **s** no final das palavras, mas nunca com o acréscimo da letra **z**. Exemplos: lobo/lobo**s**, rei/rei**s**, princesa/princesa**s**, chapéu/chapéu**s**, etc.

Quando uma palavra no singular termina com **z**, o plural é feito com o acréscimo da terminação **-es**. Exemplos: cartaz/cartaz**es**, gravidez/gravidez**es**, perdiz/perdiz**es**, etc.

Vicente Mendonça/Arquivo da editora

2. Observe agora estes dois trechos de um dicionário:

Trecho 1

arranhar (ar-ra-nhar) *verbo*
1. Raspar ou riscar com as unhas ou com qualquer instrumento: *O gato* ***arranhou*** *o móvel e mamãe ficou zangada.* **2.** Ferir de leve: *Pedro caiu da bicicleta e* ***arranhou*** *a perna.*

arroz (ar-roz) *substantivo*
Planta semelhante ao capim e cujos grãos, descascados e cozidos, são usados na alimentação de quase todos os povos da Terra.

arrumar (ar-ru-mar) *verbo*
1. Pôr em ordem: *Depois da brincadeira, Mariana* ***arrumou*** *o quarto.* **2.** Obter, conseguir: *Paulo* ***arrumou*** *um emprego.*

Aurélio Buarque de Holanda Ferreira/Editora Positivo

Trecho 2

mês (mês) *substantivo*
1. Cada uma das 12 divisões do ano: sete com 31 dias, quatro com 30 dias e um (fevereiro) com 28 ou 29 dias: *Um ano tem 12* ***meses****.* **2.** Espaço de trinta dias: *Tenho um* ***mês*** *de férias.* [Plural: *meses.*]

mesa (me-sa) *substantivo*
Móvel sobre o qual se come, escreve, trabalha, joga, etc.: *A* ***mesa*** *que usamos para escrever se chama escrivaninha.*

mesada (me-sa-da) *substantivo*
Quantia que se paga, que se dá ou que se recebe em cada mês: *Mamãe dá R$ 25,00 de* ***mesada*** *a cada filho.*

Dicionário infantil ilustrado da língua portuguesa, de Aurélio Ferreira Buarque de Holanda. Curitiba: Positivo, 2008.

a) Em qual desses trechos aparece a palavra **mês**? E em qual deles aparece a palavra **arroz**?

___

___

b) As palavras que procuramos em um dicionário são chamadas de **verbete**. Algum dos verbetes desses dois trechos aparece no plural?

___

c) Qual é o plural da palavra **mês**?

___

Nos dicionários, os **verbetes** aparecem no **singular**.

A maioria das palavras que terminam com **s** está no plural. São poucas as palavras que terminam com **s** e estão no singular, como **freguês** e **adeus**.

Assim, para ter certeza de que uma palavra termina com **s** ou com **z**, procure sempre no dicionário.

LEITURA 2

Você já esteve em uma situação em que precisava enfrentar algum medo?

Na história que você vai ler, a Mônica e a Marina têm medos diferentes, e uma delas tem medo de um animal. Quem será? De qual animal você acha que ela tem medo?

DAÍ, UNS DEGRAUZINHOS NA ESCADA DO PAPAI!
LÁ NA CASA DA MINHA AVÓ, EU TINHA MEDO DE OLHAR PELA JANELA!
SÓ QUE FUI ME ACOSTUMANDO!
E TUDO AOS POUQUI-NHOS!
SEM PRESSA!
APOSTO QUE LOGO NÃO VOU TER MEDO NEM DE ANDAR DE AVIÃO!
VIU?
É SÓ IR TREINANDO!
SE ACOSTU-MANDO!
E ENFRENTANDO O MEDINHO!
E VOCÊ, MARINA?
TEM MEDO DE QUÊ?

Mônica em: o unicórnio lilás, de Mauricio de Sousa. São Paulo: Mauricio de Sousa Editora/Panini Comics, 2011, n. 53.

ATIVIDADES

1 O que a Mônica fez para enfrentar o medo de altura?

2 No trecho da história em que a Marina revela o que sente quando vê um cachorro, o balão de fala aparece tremido. Em sua opinião, por que isso acontece?

3 As pessoas leem histórias em quadrinhos para:

- [ ] instruir-se sobre os tipos de medo e como é possível tratá-los.
- [ ] divertir-se, entreter-se.
- [ ] informar-se sobre algum acontecimento recente.

4 Leia novamente o último quadrinho da história e responda:

a) Qual foi a ideia da Mônica para fazer a Marina perder o medo?

b) Os cachorros são assustadores?

c) Em sua opinião, a Marina vai conseguir superar o medo?

MERGULHO NA ESCRITA GRAMÁTICA

Pronomes pessoais

1 Releia o trecho da tirinha em que a Marina revela o medo que sente.

a) Nesses quadrinhos, a Marina está falando:

☐ da Mônica.

☐ de si mesma.

b) Qual pronome pessoal é usado pela Marina?

☐ eu ☐ tu ☐ ele ☐ ela

☐ nós ☐ vós ☐ eles ☐ elas

c) Escreva uma frase usando o pronome pessoal **eu**.

____

____

____

As palavras **eu**, **tu**, **ele**, **ela**, **nós**, **vós**, **eles**, **elas** são chamadas de **pronomes pessoais**.

2 Assinale a alternativa que poderia fazer a substituição da frase de cada item.

a) Eu e meu irmão temos medo do escuro.

- [ ] Eles têm medo do escuro.
- [ ] Nós temos medo do escuro.
- [ ] Elas têm medo do escuro.

b) O menino e sua amiga enfrentaram a situação com coragem.

- [ ] Elas enfrentaram a situação com coragem.
- [ ] Nós enfrentamos a situação com coragem.
- [ ] Eles enfrentaram a situação com coragem.

PriWi/Arquivo da editora

> Os pronomes pessoais podem ser usados para substituir os substantivos.

3 Reescreva as frases abaixo trocando a expressão **a gente** pelo pronome pessoal **nós**. Faça as mudanças necessárias em cada frase.

a) A gente tem dificuldade para superar os medos.

____

b) A gente pode se esforçar mais!

____

c) Todos sabem que a gente não tem frescura.

____

> Na fala, é comum usar a expressão **a gente** no lugar do pronome pessoal **nós**. Nesses casos, a frase fica no singular. Exemplo:
>
> ***Nós gostamos*** *de ouvir histórias.*
>
> ***A gente gosta*** *de ouvir histórias.*

MEUS TEXTOS

Paródia

Há paródias de muitas histórias que ficaram bastante conhecidas, como a párodia **Chapeuzinho Amarelo**.

Dos contos de fadas e contos maravilhosos que você conhece, qual é o seu predileto? Você já pensou em escrever uma paródia desse conto? Como você o escreveria?

Planejamento

1 Escolha uma história e prepare-se para criar uma paródia.

- Qual história você escolheu?
- Você conservará os personagens da história?
- Você manterá o final da história?
- O que será diferente da história original?

Rascunho

2 Escreva a paródia na página ao lado. Ao escrever, use os pronomes pessoais para evitar a repetição dos nomes dos personagens. Depois, volte para esta página e faça a revisão do seu texto.

Revisão

3 Use o quadro abaixo para revisar o seu texto.

	Sim	Preciso fazer/refazer
Meu texto teve algo diferente da história original?		
É possível perceber que a história que escrevi é uma paródia?		

Meu texto

Depois da revisão, se for necessário, reescreva seu texto em uma folha à parte. Você pode ilustrá-lo com desenhos ou colagens.

Fabiana Salomão/Arquivo da editora

ATIVIDADES DO CAPÍTULO

1. Complete as palavras abaixo com **z** ou **s**. Depois, reescreva as frases substituindo as palavras em destaque por pronomes pessoais.

   a) **O rapa**_____ sentiu medo ao ouvir um barulho no corredor.

   ____

   ____

   b) **Eu e um amigo** encontramos um carta_____inho que indicava o lugar do espetáculo.

   ____

   ____

   c) **Duas cientistas** descobriram um novo remédio para o víru_____ da gripe.

   ____

   ____

PriWi/Arquivo da editora

   d) **O Hugo Hoyama** não é japonê_____; esse grande mesa-tenista é brasileiro.

   ____

   ____

   e) **A gente** comprou um lápi_____ na papelaria da esquina.

   ____

   ____

   f) Já está brotando uma ro_____inha. **A Fernanda** vai ficar feli_____.

   ____

   ____

2. Leia a tirinha e responda às questões abaixo.

Acervo do cartunista, Mauricio de Sousa.

a) O que a Magali está fazendo?

____

b) Por que os vendedores estão seguindo a menina?

____

c) De qual história essa tirinha é uma paródia? Pesquise e escreva o título abaixo.

____

d) É possível entender essa tirinha sem conhecer a história original? Por quê?

____

____

____

LEITURA DE IMAGEM

Quem nunca sentiu medo?

Todos nós, em algum momento de nossa vida, já sentimos medo de algo. Será que podemos nos livrar dos nossos medos? Como?

Observe

Joshua Hoffine/Acervo do fotógrafo

Imagem criada pelo fotógrafo Joshua Hoffine, em que retrata o medo do bicho-papão.

Analise

1. Como a menina da imagem parece se sentir? O que você observou para chegar a essa conclusão?

2. A imagem mostra um quarto de criança. O que há de estranho nesse quarto?

3. Essa imagem foi produzida pelo fotógrafo Joshua Hoffine e apresenta elementos reais e fictícios. Em sua opinião, quais elementos da imagem são reais? Quais foram criados pelo fotógrafo?

Relacione

4. O que você faz quando deseja superar um medo?

5. Em sua opinião, o que pode ser feito para ajudar um colega a superar um medo?

6. Faça uma pesquisa sobre maneiras de superar um medo. Procure reportagens ou entreviste pessoas sobre o assunto. Registre o resultado da pesquisa em seu caderno e compartilhe-o com os colegas.

CAPÍTULO 11

DESVENDAR MISTÉRIOS

LEITURA 1

Como você imagina que seja um fantasma?

Você conhece alguma história que tenha um fantasma como personagem? Conte-a para seus colegas.

O fantasma da sorte

Os habitantes de uma região onde havia um castelo muito antigo tinham orgulho daquela bela construção, mas temiam penetrar em suas imediações, pois diziam que o lugar era mal-assombrado.

Um dia, um capitão dos mares viajava durante suas férias. Como não estava habituado a andar em terra, acabou se perdendo na densa floresta que rodeava o castelo. Já era tarde da noite e ele tremia de frio quando avistou o maravilhoso castelo. Feliz por encontrar um abrigo, o capitão bateu à porta e foi recebido pelo proprietário, que o convidou para entrar.

Havia muitos hóspedes nobres no castelo, que se interessaram por suas histórias de navios e aventuras no mar. Assim, ele foi convidado para jantar e pernoitar ali.

Pouco antes da meia-noite, o capitão foi levado a um suntuoso cômodo. Cansado por ter caminhado horas pela floresta, adormeceu de imediato. Mas, quando chegou a madrugada, ele despertou, assustado. Sonhara que estava de volta ao mar, no meio de uma terrível tormenta. Ao abrir os olhos, viu uma linda criança, cercada de uma luz cintilante parada bem na sua frente. A criança lhe sorriu e ele se sentiu estranhamente tranquilo. Em seguida ela desapareceu e o quarto voltou a ficar escuro.

Pedro Hamdan/Arquivo da editora

suntuoso: luxuoso; pomposo.
tormenta: tempestade violenta no mar; temporal.

Na manhã seguinte, ao acordar, o capitão pensou que aquilo havia sido uma brincadeira de mau gosto. Quando se sentou à mesa para tomar o café da manhã, foi logo dizendo ao nobre:

— Caro amigo, obrigado por sua hospedagem. Mas agora desejo partir. Ontem, quando eu estava precisando tanto de repouso, o senhor me deu um grande susto ao mandar aquela criança me despertar no meio da noite. Desculpe-me da sinceridade, mas não gostei nem um pouco!

Em vez de responder ao capitão, o nobre chamou o mordomo:

— Hamilton, em que quarto você alojou nosso amigo capitão?

— Bem, meu senhor — respondeu o mordomo —, o castelo está lotado de hóspedes, eu não tive escolha. Coloquei o capitão no quarto do menino. Mas acendi a lareira, porque ele só aparece no escuro, não é?

— Você fez muito mal — disse o nobre. — O fogo da lareira sempre apaga de madrugada. Você deveria ter trancado aquele quarto a sete chaves!

Em seguida, dirigindo-se ao capitão, explicou:

— Meu amigo, nossa família guarda um segredo há muitos séculos. Neste castelo vive o fantasma de um menino. Seu quarto preferido é aquele em que você dormiu. Mas não se preocupe. Trata-se de um fantasma alegre, um fantasma da sorte. Todos os que o viram ganharam dinheiro e foram felizes.

E foi o que aconteceu. Uma semana depois, o capitão conheceu uma formosa jovem, com quem se casou. Como ela era muito rica, ele acabou se tornando um milionário também. E os filhos que tiveram foram fortes, felizes e tiveram sorte durante toda a vida.

Lá vem história, de Heloisa Prieto. São Paulo: Companhia das Letrinhas, 2007.

Reprodução/Editora Companhia das Letrinhas/Fundação Padre Anchieta

Pedro Hamdan/ Arquivo da editora

ATIVIDADES

1 Explique por que o capitão dos mares se perdeu na floresta.

____

____

____

2 O que fez o capitão ao perceber que estava perdido na floresta?

____

____

____

3 Marque com um **X** a frase que explica como foi o sonho que o capitão teve durante a noite.

- [ ] Sonhou que estava em um grande castelo onde havia muitos hóspedes.
- [ ] Sonhou com uma linda criança que lhe sorriu.
- [ ] Sonhou que estava de volta ao mar, no meio de uma terrível tormenta.

4 O capitão gostou do que aconteceu com ele no meio da noite? Copie do texto o trecho que comprova sua resposta.

____

____

____

____

____

Pedro Hamdan/Arquivo da editora

5 Qual foi a explicação que o mordomo deu ao nobre por tê-lo colocado naquele quarto para dormir?

6 Qual era o mistério que havia naquele quarto?

Os contos que apresentam uma história misteriosa, cheia de suspense e acontecimentos inesperados podem ser chamados de **contos de mistério**.

7 Em sua opinião, foi ruim para o capitão ter visto o fantasma? Por quê?

8 Você conhece outra história de fantasma que gostaria de contar aos colegas? Como ela é?

Pedro Hamdan/Arquivo da editora

MERGULHO NA ESCRITA ORTOGRAFIA

A letra s e o ss

1 Observe as palavras abaixo.

jovem formosa

capitão cansado

castelo mal-assombrado

Ilustrações: Pedro Hamdan/Arquivo da editora

a) As palavras **formosa** e **cansado** são escritas com a letra **s**. A pronúncia dessa letra nas duas palavras é a mesma?

____

____

b) Escreva adjetivos com **s** ou **ss** para caracterizar alguns dos personagens da história **O fantasma da sorte**.

- Capitão _______________________________________
- Mordomo _______________________________________
- Nobre _______________________________________

A letra **s** é pronunciada de modos diferentes, dependendo da posição que ocupa na palavra. Exemplos: **s**apo (início de palavra), ro**s**a (entre vogais).

Quando a letra **s** está entre vogais, mas é pronunciada com o mesmo som de quando está em início de palavra, usa-se **ss**. Exemplos: a**ss**unto, to**ss**e, po**ss**e.

2 Complete as palavras do quadro com **s** ou **ss** e responda às questões em seguida.

______acola	a ______obio	ro______eira	______ereia
______ino	______arampo	a ______ilo	

a) Em quais palavras a letra **s** representa o mesmo som que na palavra **formosa**?

____

b) Há alguma palavra que comece com **ss**? Por quê?

____

____

3 Resolva a cruzadinha de acordo com as dicas.

1. Contrário de limpo.
2. O mesmo que assustar, amedrontar.
3. Roupa de Carnaval.
4. O mesmo que **ter**.
5. Vento suave.
6. Substância usada para limpeza.

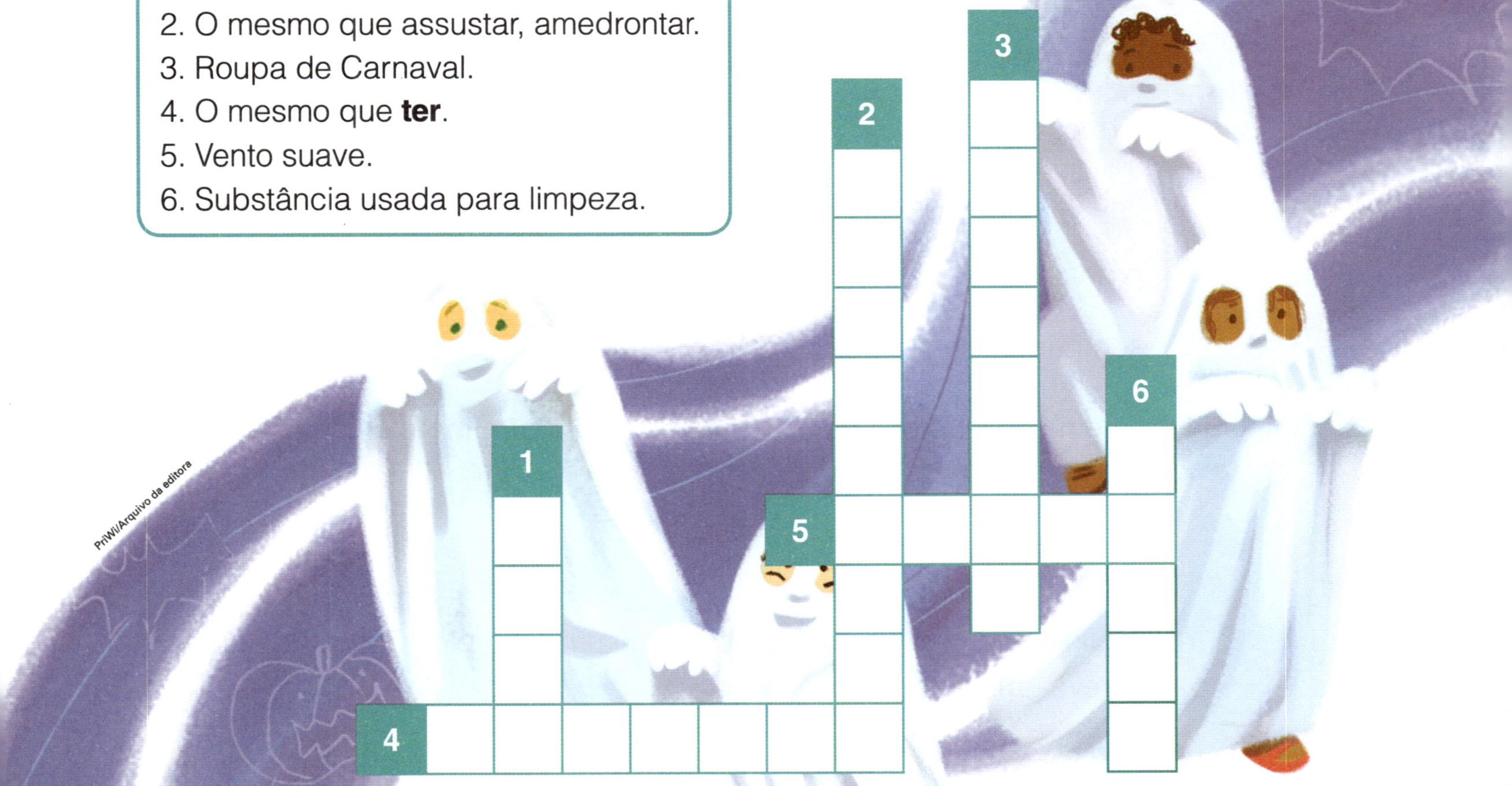

PriWi/Arquivo da editora

ENTENDER AS PALAVRAS: DICIONÁRIO

Sinônimo e antônimo

1. Se procurarmos no dicionário a palavra **sorte**, que palavras podemos encontrar na definição?

   ☐ amor, carinho, azar

   ☐ destino, fortuna, êxito

   ☐ bondade, carinho, maneira

   ☐ brincadeira, cansaço, modo

> Quando buscamos no dicionário o significado de uma palavra, podemos encontrar os sinônimos dela. Chama-se **sinônimo** a palavra cujo significado é muito parecido ao de outra palavra.

2. Procure no dicionário os sinônimos das palavras e escreva-os abaixo.

   a) formosa: ______________________________

   b) habitantes: ______________________________

   c) proprietário: ______________________________

   d) acordar: ______________________________

3. Procure no dicionário a definição da palavra **sinônimo** e copie-a abaixo.

   ____

   ____

   • A definição que você copiou apresenta um exemplo? Caso não apresente, escreva um.

   ____

4. Escreva palavras que tenham o significado contrário das palavras abaixo.

a) dormir: ______________________________

b) sorte: ______________________________

c) preso: ______________________________

d) bonito: ______________________________

> Chama-se **antônimo** a palavra cujo significado é **contrário** ao de outra palavra.

5. Escreva o antônimo das palavras dadas e depois complete a cruzadinha.

1. feliz: ______________________________

2. silêncio: ______________________________

3. excesso: ______________________________

4. coragem: ______________________________

5. distração: ______________________________

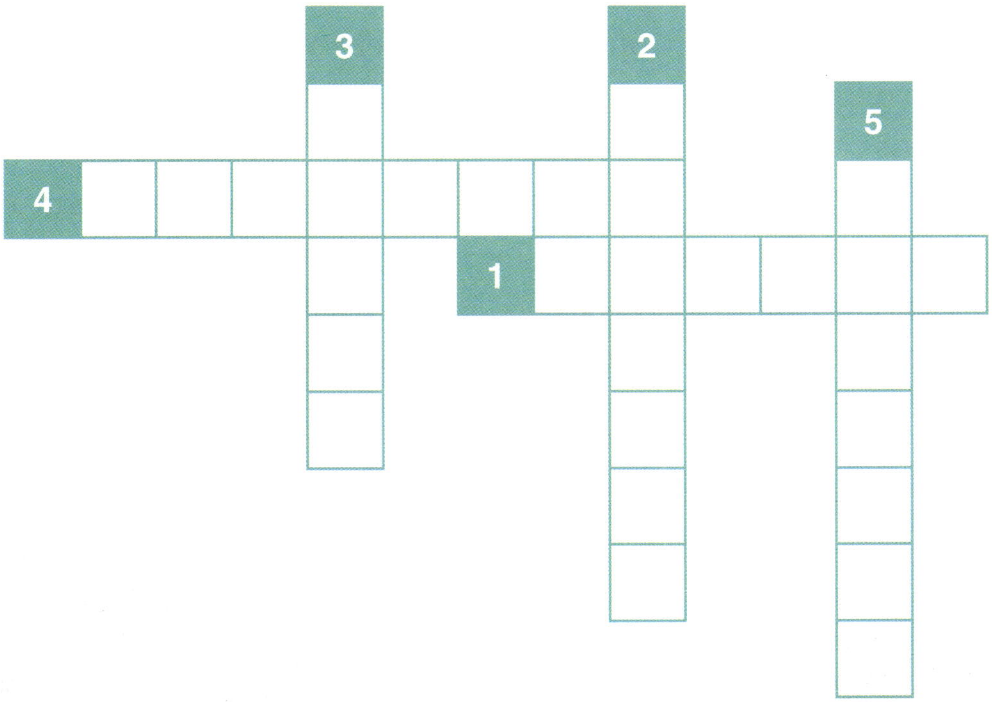

Vicente Mendonça/Arquivo da editora

LEITURA 2

Quais personagens do folclore você conhece?
Você já ouviu falar na Matinta Pereira?

A Matinta na janela

Num dia em que eu tinha ido visitar meus pais na aldeia, minha irmã, Graça, estava muito assustada. Fiquei curioso para saber o que havia acontecido com ela.

— Mano, eu vi uma Matinta — ela me disse com o rosto ainda pálido.

— Como assim? Como você viu a Matin... — minha irmã cobriu a minha boca com a mão. Ela sabia que eu ia dizer que não acreditava naquilo.

— Você pode até nem acreditar nisso, por estar vivendo muito no meio de pessoas que acham que isso é lenda do mato. Mas vou dizer uma coisa pra você, meu irmão: nunca deixe de acreditar nos seres que estão nos arrodeando toda hora. Se você deixar de acreditar nisso, nosso povo vai acabar desaparecendo.

Achei estranho o tom da fala de minha irmã. Ela era normalmente muito calada e pouco dada a falar sobre a nossa tradição. Por causa disso prestei mais atenção à história que ela queria contar.

Graça sentou-se num tronco de árvore, já bem mais tranquila. Aos poucos recuperou o fôlego e arrumou os longos cabelos que lhe corriam pelas costas. Amarrou-os com uma presilha e pôs-se a falar:

— Eu estava me preparando para dormir. Armei a rede no centro da casa e fui até lá fora para fazer xixi. Não me demorei muito, pois a noite estava muito escura e o vento que fazia não deixava a lamparina ficar acesa. Quando estava chegando na porta de casa, um frio estranho me percorreu o corpo e

Pedro Hamdan/Arquivo da editora

ouvi um fino assobio que vinha não sei de onde. Olhei para todos os lados e não vi nada. Fiquei com muito medo. Na minha cabeça logo veio a imagem da Matinta querendo alguma coisa. "O que eu poderia dar?", pensei.

Minha irmã fez uma pausa bem longa. Meus olhos brilhavam de curiosidade. Eu acompanhava a narrativa sem desviar a minha atenção dela. Ela continuou:

— Como eu não sabia o que fazer, corri para a minha rede e me cobri rolando sobre ela. Fiz silêncio para tentar ouvir o assobio de novo. Nada. Fiquei mais tranquila e fui me acalmando. Bem longe eu ouvia vozes. Alguém parecia estar se aproximando de casa. Fiquei aliviada. Bem podia ser meus pais, pensei. Não eram. As vozes de repente sumiram. Imaginei que era a própria Matinta tentando me enganar. Acertei em cheio, pois em seguida ouvi o seu assobio. Me enrolei na rede. O assobio persistia. "O que devo fazer?", pensei. Minha avó nunca disse o que temos que oferecer à criatura quando ela vem nos procurar!

Outra pausa. Minha irmã estava intranquila nesse momento. Seus olhos procuravam alguma coisa ao nosso redor. Fitei-a com seriedade, perguntando se ela estava sentindo alguma coisa. Ela não respondeu. Apenas passou as mãos pelo cabelo e disse:

— Sozinha, no escuro da casa, chamei os espíritos ancestrais. Queria que eles me dessem coragem para enfrentar e controlar o medo. O assobio ficou mais forte e eu não podia mais deixar de responder, pois a criatura estava me chamando. Tomei coragem, então, e gritei à Matinta: "O que a senhora quer de mim?". "Você sabe o que eu quero", ouvi a voz falando dentro da minha cabeça. "Não sei, não. Minha avó nunca me disse o que eu deveria lhe dar." "Mas você sabe o que a Matinta quer... Pense!"

Ela fez uma nova pausa, para tomar ar.

— Fiquei pensando durante algum tempo — a minha irmã me contou. — Então eu disse ao espírito: “Volte amanhã e lhe darei o que quer”. Esta foi a única coisa que me veio à cabeça. Ouvi apenas um bater de asas e senti um vento gelado percorrendo a casa. Depois, o silêncio.

— E então, Graça, o que aconteceu? — perguntei curioso.

— Depois me encolhi na rede e fiquei com medo de dormir. Notei que o tempo passava apenas por causa dos gritos dos sapos e das corujas. Mas antes do dia amanhecer algo aconteceu.

Mais uma vez minha irmã brecou sua narrativa. Fiquei atento e não quis interferir no seu silêncio. Deixei que ela recuperasse o fôlego e retomasse sua história:

— Quando o dia já estava para vencer a noite e o sol começava a despontar, ouvi que alguém me chamava. Era uma voz distante. Era como se alguém me dissesse: “Eu vim buscar o que você me prometeu!”. Fiquei agitada. Olhei para o lado e vi que os nossos pais haviam chegado durante a noite. Bati na rede da mamãe, mas ela não acordava. Fui até a rede do papai, que também não acordava de jeito nenhum. Parecia que ambos estavam sob encantamento. A escuridão ainda era grande dentro de casa e eu não quis abrir a porta com receio de que a criatura estivesse ali à minha espreita. Corri até a janela e a abri com um solavanco. Meu espanto foi ainda maior: a Matinta Pereira estava ali, sentada na beirada, com um sorriso estranho. Ela mirou bem dentro de meus olhos: “Matinta fumo quer. Matinta veio buscar. Você prometeu, Matinta veio cobrar. Não sai daqui enquanto menina não der”. E eu respondi: “Ah! Era isso? Por que você não disse logo? Pensei que você quisesse me levar embora com você. Mas se é só isso, é só aguardar um pouco”.

A Matinta sorriu compassiva e ficou quietinha vendo a minha irmã ir até o outro cômodo, voltar com um pequeno pacote e depositar no peitoril da janela.

Segundo a Graça, a Matinta apenas agarrou o embrulho e saiu assobiando bem forte, rumando para um lugar ignorado.

Depois desse dia, minha irmã não teve mais medo da Matinta. Sabia que bastava oferecer algum fumo a ela que logo a criatura ia embora para o seu mundo.

O que me deixou mais intrigado foi por que minha irmã, quando me contou essa história, se mostrava tão amedrontada?

Não quis fazer esta pergunta, com medo de que a sua resposta fosse a que eu já sabia: ela queria dizer para mim que eu precisava voltar a acreditar nos espíritos da floresta.

Devo confessar: ela conseguiu.

Reprodução/Editora Callis

Histórias que eu ouvi e gosto de contar, de Daniel Munduruku. São Paulo: Callis, 2004. p. 11-17.

Pedro Hamdan/Arquivo da editora

Daniel Munduruku

Nasceu em Belém, no estado do Pará. Ele cresceu na aldeia Munduruku, no interior do estado, e por isso escolheu esse nome. Quando fez 15 anos, foi para a cidade e começou a estudar. Desde então, não parou mais. Hoje, Daniel é um grande escritor: tem mais de quarenta livros publicados e já recebeu diversos prêmios.

Rogério Albuquerque/Arquivo da editora

ATIVIDADES

1 No texto **A Matinta na janela** conhecemos alguns hábitos da personagem Graça. Complete a tabela abaixo escrevendo alguns dos hábitos que você tem.

Os hábitos da Graça	Os meus hábitos
Dorme em rede.	
Ilumina a casa com lamparina.	
Quando está com medo, chama pelos espíritos ancestrais.	

Pedro Hamdan/Arquivo da editora

2 Graça estava aflita porque não sabia o que a Matinta queria. Qual foi a reação dela ao descobrir que a Matinta queria fumo?

3 O que a menina temia que a Matinta quisesse?

4 Pinte, no texto, o sinal de pontuação que aparece antes das falas da Graça. Como se chama esse sinal?

5 Por que não há travessão no início de todos os parágrafos?

____

____

6 Releia o primeiro parágrafo da história **A Matinta na janela** e responda à questão a seguir.

Num dia em que eu tinha ido visitar meus pais na aldeia, minha irmã, Graça, estava muito assustada. Fiquei curioso para saber o que havia acontecido com ela.

Pedro Hamdan/Arquivo da editora

- Quem está narrando a história?

  ☐ o irmão da Graça

  ☐ a Graça

  ☐ os pais da Graça

> **Narrador** é aquele que conta a história. Existem histórias em que o narrador também é personagem.

7 O narrador da história **A Matinta na janela** é também um dos personagens? Explique sua resposta.

____

____

8 Em sua opinião, por que Graça diz ao irmão que, se ele deixar de acreditar nas lendas, o povo deles vai acabar desaparecendo?

MERGULHO NA ESCRITA GRAMÁTICA

Verbo

1 Veja as palavras destacadas no trecho abaixo:

A Matinta **sorriu** compassiva e **ficou** quietinha vendo a minha irmã **ir** até o outro cômodo, **voltar** com um pequeno pacote e **depositar** no peitoril da janela.

Pedro Hamdan/Arquivo da editora

- As palavras em destaque indicam:
  - ☐ os nomes dos personagens.
  - ☐ as ações ou estados dos personagens.
  - ☐ as características físicas dos personagens.

As palavras que indicam ações, estados do ser ou fenômenos da natureza são os **verbos**. Exemplos:

Elas ***correram*** *pela floresta.* (ação)

Todos ***estavam*** *ansiosos para a festa de aniversário.* (estado)

Chove *forte lá fora.* (fenômeno da natureza)

2 Muitas palavras indígenas são usadas no Brasil. Pesquise o significado dos verbos de origem indígena relacionados abaixo.

a) cutucar: ______________________

b) capinar: ______________________

c) empipocar: ______________________

d) emperebar: ______________________

3 Escreva frases para descrever as imagens abaixo. Use verbos que indiquem ações, estados ou fenômenos da natureza.

Behindlens/ Shutterstock/Glow Images

Olivy/Shutterstock/ Glow Images

Anastasiia Markus/ Shutterstock/Glow Images

Tompet/Shutterstock/ Glow Images

4 Complete a cruzadinha com os verbos que são representados nas figuras abaixo.

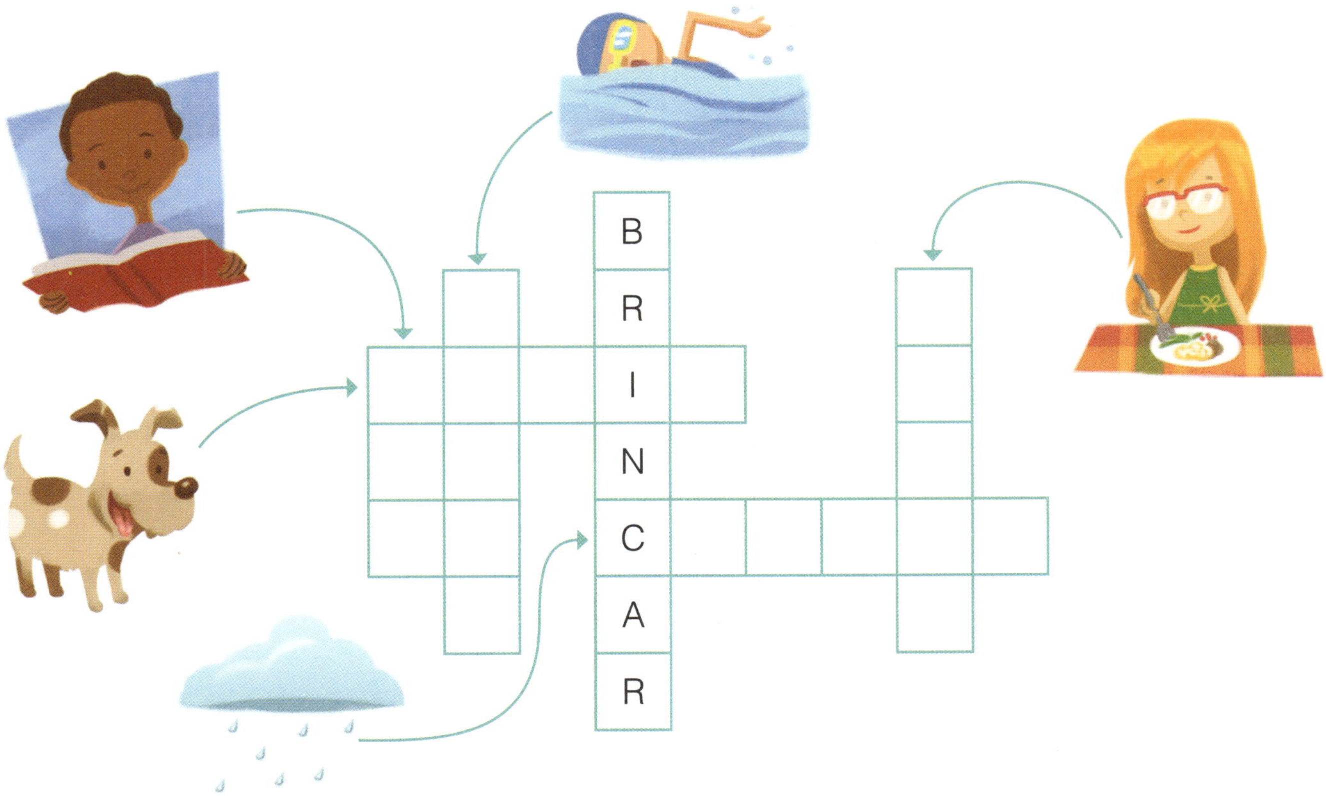

Ilustrações: PriWi/Arquivo da editora

MEUS TEXTOS

Conto de mistério

Prepare-se para escrever a história mais misteriosa e assustadora que você conseguir contar! Pense em uma história que possa causar bastante medo e siga as etapas abaixo para registrá-la e apresentá-la aos seus colegas.

Planejamento

1 Para começar, pense em quais seriam as respostas para as seguintes questões.

- Quais serão os personagens do conto?
- Quem será o narrador da história?
- A história acontecerá durante o dia ou durante a noite?
- Qual será o elemento misterioso do conto?
- Como a história vai terminar?

Rascunho

2 Escreva a história que você imaginou em uma folha à parte. Não esqueça que ela deve deixar seus colegas de cabelos arrepiados!

3 Para não tornar seu texto repetitivo, evite escrever muitas vezes a mesma palavra. Use sinônimos e substitua os substantivos recorrentes por pronomes pessoais.

PriWi/Arquivo da editora

Revisão

4 Após a escrita do texto, confira se você não se esqueceu de nada.

	Sim	Preciso fazer/refazer
Escrevi uma história misteriosa?		
Evitei a repetição de palavras usando sinônimos e/ou pronomes?		
Descrevi o ambiente onde se passa a história?		
Escrevi um final interessante?		

5 Caso seja necessário, reescreva seu texto.

Meu texto

Cole figuras ou faça desenhos ao lado do texto para ilustrar a história.

Ao final, monte com seus colegas o **Varal do medo** para que todos conheçam as histórias que vocês escreveram.

ATIVIDADES DO CAPÍTULO

1. Siga as dicas para completar a cruzadinha.

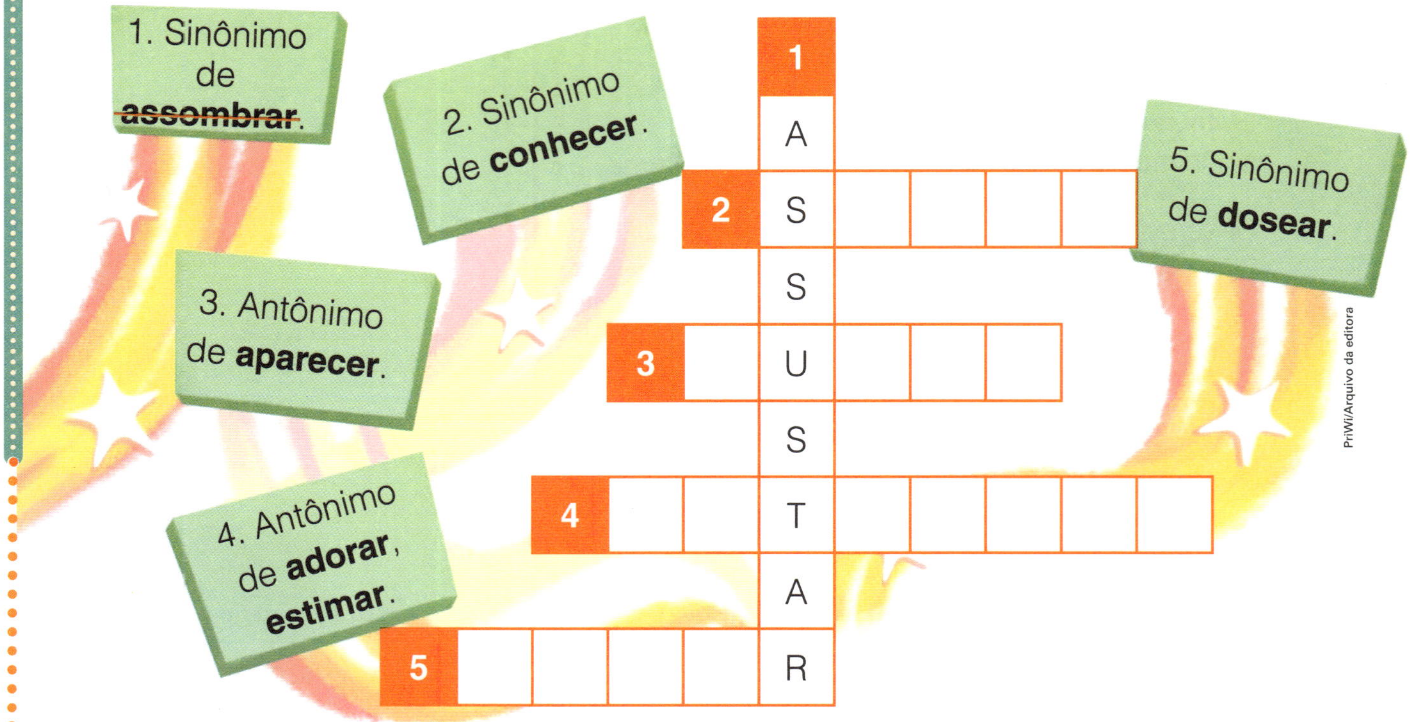

PriWi/Arquivo da editora

- Os verbos que você usou para completar a cruzadinha indicam:

( ) estados ( ) ações ( ) fenômenos da natureza

2. Complete as frases abaixo com verbos e escreva se o verbo utilizado indica ação, estado ou fenômeno da natureza.

a) ______________ tão forte que as folhas das árvores não paravam de balançar. (______________)

b) Luciano ______________ triste porque perdeu o jogo. (______________)

c) Nós ______________ ao cinema no lançamento do filme. (______________)

d) Só neste ano, eu já ______________ vinte livros! (______________)

3. Assinale **V** para as alternativas verdadeiras e **F** para as falsas.

- ☐ Os contos de mistério apresentam histórias verídicas que envolvem relatos de viagem.
- ☐ O narrador nunca é personagem, pois não pode participar das ações da história.
- ☐ Fantasmas e monstros podem ser personagens de contos de mistério.
- ☐ Os contos indígenas narram apenas histórias com as quais os povos indígenas não se identificam.

4. Veja as capas dos livros e leia as sinopses. Depois, assinale **Mis** para os livros de contos de mistério e **Ind** para os de contos indígenas.

Histórias que eu vivi e gosto de contar, de Daniel Munduruku. São Paulo: Callis, 2006.

Neste livro, Daniel Munduruku fala sobre a cultura das nações indígenas em histórias como a do Curupira, a da Mãe-d'Água e a da Surucucu.

Catando piolhos, contando histórias, de Daniel Munduruku. São Paulo: Brinque-Book, 2006.

O livro apresenta oito histórias que um menino indígena ouvia enquanto catavam piolhos e faziam carinho em sua cabeça.

Fantasmagorias, de Flávia Muniz. São Paulo: Moderna, 2011.

Este livro contém treze contos de horror e fantasia narrados por adolescentes. As histórias são para quem tem coragem de encarar acontecimentos surreais e criaturas misteriosas.

CAPÍTULO

12 TODO MUNDO TEM MEDO!

LEITURA 1

Você conhece o medo que as outras pessoas sentem?

Qual medo você imagina que seja o mais comum?

Fabiana Salomão/ Arquivo da editora

Medo? Todo mundo tem!

Silvinha Meirelles

Você já pensou que todo mundo sente algum medo? Pode ser medo de aranha, rato ou cobra, de avião, de polícia ou ladrão. Tem gente que sente medo de ficar sozinha, do fogo, do monstro, da morte ou de trovão. Existe o medo de sentir dor e até o medo de sentir medo.

Seja lá qual for o seu medo, ele toma conta da gente, e é único, só nosso e APAVORANTE! A reação das pessoas pode ser fechar os olhos ou ficar paralisadas feito estátuas. Às vezes, dá uma tremedeira nelas, e as pessoas riem e falam sem parar, sem pensar. Pode ser também que gritem ou chorem baixinho.

À noite, todos os medos crescem e a coragem diminui. Para afastar o medo, você pode cantar, correr, rezar, pensar em outra coisa, assobiar, se esconder, chamar alguém ou chegar perto do medo e olhar para ele de frente.

A verdade é que não existe um jeito certo ou melhor de afastar o medo. Tudo depende do tamanho do medo, mas também depende de você!

Andei conversando com várias pessoas. Todas elas tinham seus medos, e algumas sabiam exatamente como enfrentá-los. Confira:

MEDO DE ESCURO "Eu tenho medo quando apago a luz, parece que alguém vem me pegar. Ou quando eu ponho o meu pé entre a cama e a parede, fico com medo de que saia uma mão verde-acinzentada e pegue o meu pé."

ANTÍDOTO "Quando eu era pequena vi uns *slides* de patinhos. Então, até hoje, quando penso numa coisa ruim, mudo de assunto na minha cabeça como se estivesse trocando de *slide*."

Nina A., 9 anos

Fabiana Salomão/ Arquivo da editora

MEDO DIFERENTE "Penso numa caverna escura com um monte de jacaré pendurado de boca aberta para comer a gente."

ANTÍDOTO Não sabe.

Ivan L., 4 anos

MEDO DE ESPÍRITOS "De espíritos porque uma amiga me disse que conversa com eles e que existe um espírito do mal."

ANTÍDOTO "Para parar de pensar no medo, eu olho para o meu pé ou abraço o Nhoque, que é o meu cachorro."

Cacá M., 12 anos

MEDO DE FICAR SOZINHA "Quando eu era pequena eu tinha medo de ficar sozinha porque eu achava que um monstro vinha me pegar."

ANTÍDOTO "Grudar no meu cachorro."

Júlia Z., 12 anos

MEDO DE GENTE "Meu maior medo é de encontrar uns sujeitos mal--encarados, principalmente à noite, quando estou voltando para casa."

ANTÍDOTO "Sair acompanhado ou prestar atenção nas pessoas."

André A., 15 anos

MEDO DE RAIO, DE FANTASMA, DE BRUXA E LOBO "Tenho medo de raio e de um fantasma me engolir. Também não gosto de história com bruxa e lobo, porque fico imaginando que eles vão sair da história para me buscar."

ANTÍDOTO "Eu me deito e me cubro."

Marcelo N., 6 anos

[...]

O livro dos medos, de Heloisa Prieto (Org.). São Paulo: Companhia das Letrinhas, 1988. p. 37-38.

Reprodução/Editora Companhia das Letrinhas

ATIVIDADES

1. Qual é o principal assunto do texto que você leu?

2. Há no texto dicas do que fazer para afastar o medo? Quais?

3. O que significa a palavra **antídoto** no texto que você leu?

4. A autora do texto recolheu depoimentos de pessoas com idades diferentes. Os medos e os antídotos mudam conforme a idade? Por quê?

5. Os depoimentos parecem ser reais ou fictícios (do mundo da imaginação)? Explique sua resposta.

Fabiana Salomão/ Arquivo da editora

PriWi/Arquivo da editora

6 Imagine que você também tenha conversado com a autora do texto. Como seria o seu depoimento?

7 Depois de ler vários depoimentos, o que é possível concluir sobre eles? Quais são suas principais características?

8 Discuta com seus colegas: você acha que o medo pode servir para nos proteger de um perigo?

MERGULHO NA ESCRITA ORTOGRAFIA

Uso de am e ão

PriWi/Arquivo da editora

1 Sublinhe no trecho abaixo as palavras que terminam com **ão**.

Você já pensou que todo mundo sente algum medo? Pode ser medo de aranha, rato ou cobra, de avião, de polícia ou ladrão.

- Assinale o ditado popular que pode ser completado com uma das palavras que você sublinhou.

  ☐ Cães que ★ não mordem.

  ☐ A ocasião faz o ★.

2 Marque um **X** nos substantivos que terminam em **ão**.

☐ caminhão	☐ botarão	☐ guardião
☐ caminharão	☐ botão	☐ conquistarão
☐ coração	☐ amarão	☐ guardarão
☐ obedecerão	☐ questão	☐ bailarão

- As palavras que você **não assinalou** são verbos. Esses verbos indicam ações que já aconteceram (passado) ou que ainda vão acontecer (futuro)?

____

____

Nos **verbos**, o uso de **am** ou **ão** pode determinar se a ação já aconteceu ou se ainda acontecerá. Exemplos:

*Elas senti**ram** medo do cachorro.* (**passado**)

*Elas senti**rão** medo do cachorro.* (**futuro**)

3 Reescreva as frases passando os verbos para o futuro.

a) O príncipe e a princesa se casaram.

____

b) Os jogadores conquistaram o título mais importante do país.

____

c) Elas passaram em frente ao parque e olharam a estátua.

____

d) Os amigos conversaram muito e se reconciliaram.

____

e) Eles perderam o medo do escuro.

____

PriWi/Arquivo da editora

4 Escreva três frases usando verbos do quadro abaixo.

acordarão	acordaram	fugirão	fugiram	dançarão
dançaram	ajudarão	ajudaram	oferecerão	ofereceram

____

____

____

____

____

MERGULHO NA ESCRITA GRAMÁTICA

Tempos verbais

1 Releia um trecho do depoimento de Marcelo, de 6 anos:

Tenho medo de raio e de um fantasma me engolir. Também não gosto de história com bruxa e lobo [...]

Fabiana Salomão/Arquivo da editora

a) Quais verbos aparecem no trecho?

____

b) Os verbos **tenho** e **gosto** indicam algo que está acontecendo, que aconteceu ou que acontecerá?

____

> Os verbos estão no **presente** quando indicam algo que costuma acontecer com frequência ou que está acontecendo no momento.
> Exemplos:
> *Meu cachorro* ***está*** *doente.*
> *Eu* ***corro*** *todos os dias pela manhã.*

2 Escreva os verbos no presente para completar as frases.

a) Minha mãe ______________ muito bem. (**cozinhar**)

b) Nós ______________ exercícios físicos duas vezes por semana. (**praticar**)

c) Gabriel ______________ guitarra e violão. (**tocar**)

d) Meus irmãos ______________ fortes e saudáveis porque ______________ muitas frutas. (**crescer**/**comer**)

e) Quando ______________ medo, ______________ minha avó. (**sentir**/**chamar**)

3 Leia a tirinha e responda às questões abaixo.

Acervo do cartunista, Mauricio de Sousa.

a) Os verbos do segundo quadrinho, **gosto** e **sei**, estão conjugados em qual tempo verbal? Assinale a resposta correta com um **X**:

☐ presente ☐ passado ☐ futuro

b) Por que o verbo do terceiro quadrinho aparece no passado?

____

____

Os verbos estão no **passado** quando indicam algo que já aconteceu. Exemplo:

*Quando eu **era** pequena, tinha medo de bicho-papão.*

Os verbos estão no **futuro** quando indicam algo que vai acontecer. Exemplo:

*Ela **crescerá** e **perderá** o medo do escuro.*

4 Escreva uma frase sobre um medo que você tinha quando era mais novo ou mais nova.

____

____

____

LEITURA 2

Qual é a primeira coisa que você observa na capa de um livro? Veja a capa e a quarta capa de dois livros.

Capa do **livro 1**

Reprodução/Editora Salamandra

Quarta capa do **livro 1**

Quem tem medo de cachorro?, de Ruth Rocha. São Paulo: Salamandra, 2012.

Capa do **livro 2**

Quarta capa do **livro 2**

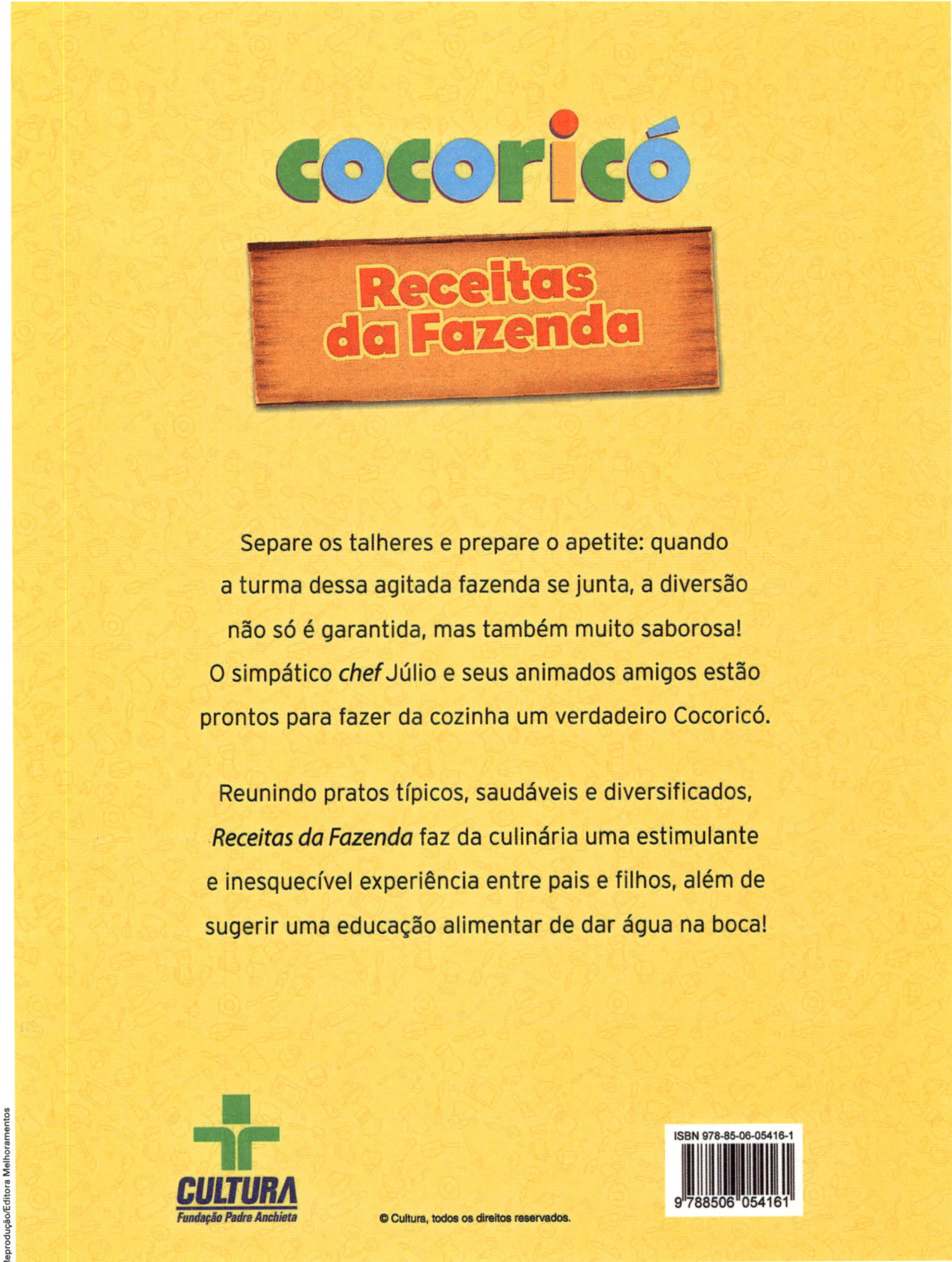

Cocoricó

Receitas da Fazenda

Separe os talheres e prepare o apetite: quando a turma dessa agitada fazenda se junta, a diversão não só é garantida, mas também muito saborosa! O simpático *chef* Júlio e seus animados amigos estão prontos para fazer da cozinha um verdadeiro Cocoricó.

Reunindo pratos típicos, saudáveis e diversificados, *Receitas da Fazenda* faz da culinária uma estimulante e inesquecível experiência entre pais e filhos, além de sugerir uma educação alimentar de dar água na boca!

CULTURA
Fundação Padre Anchieta

© Cultura, todos os direitos reservados.

ISBN 978-85-06-05416-1

Cocoricó: receitas da fazenda. São Paulo: Melhoramentos, 2008.

ATIVIDADES

PriWi/Arquivo da editora

1 Para responder às questões abaixo, leia o título e observe com atenção a ilustração da capa do livro 1.

a) Por que a menina está em cima da mesa?

____

b) Além da menina, mais alguém está com medo do cachorro? Explique o motivo.

____

____

c) Relacionando o título com a ilustração, podemos concluir que o livro apresenta:

- [ ] uma história de cachorros raivosos, que deixam todos com medo.
- [ ] uma história de superação do medo, mostrando que não é preciso ter medo de cachorros inofensivos.

2 O que é o "Cocoricó" que aparece na capa do livro 2? Faça uma pesquisa para responder.

____

____

3 Observe novamente a capa do livro 2 para responder às questões abaixo.

a) A imagem da capa é uma ilustração ou uma fotografia?

____

b) Qual cômodo da casa está retratado na imagem da capa?

____

c) A imagem da capa está relacionada com o conteúdo do livro? Explique sua resposta.

____

____

4 O nome do autor aparece nas duas capas?

PriWi/Arquivo da editora

5 Qual dos dois livros contém textos instrucionais? Como você chegou a essa conclusão?

---

6 Compare as duas capas e responda: se você quisesse ler um livro que trouxesse uma história de ficção para entreter e soltar a imaginação, qual livro escolheria? Por quê?

---

7 Assinale **V** para as afirmações verdadeiras e **F** para as falsas.

- [ ] Nos dois livros a quarta capa apresenta uma sinopse, ou seja, um resumo do conteúdo.
- [ ] As duas capas foram criadas para chamar a atenção de crianças.
- [ ] As imagens das capas têm relação com o conteúdo das obras.
- [ ] Os dois livros apresentam receitas.

8 De qual capa você gostou mais? Por quê?

MERGULHO NA ESCRITA GRAMÁTICA

Variação linguística

1 Leia o trecho de texto abaixo, retirado do livro **Casos de Minas**, do escritor mineiro Olavo Romano.

Medida de tempo

[...]

Sebastião, entretido com João e os meninos maiores, cuidava do gado. Quando viram, um cavaleiro já abria a porteira do curral.

— Oi, Juca. Tudo bom?

— Graç'a Deus.

— Passeando?

— Vino da comadre Luiza.

— Ela melhorou?

— Continua meio perrengue. Levei uns ovos de pato pra ela fazer gemada. Diz-qu'é bom pra fraqueza.

— Apeia, Juca.

— Brigado. Tou com pressa.

— Pra que pressa? Hoje é sábado, dia de mamparra.

[...]

— Preciso cortar a água do moinho. Daqui a pouco tá moendo pedra.

— O moinho pode esperar. Apeia, sô. Toma um café com a gente. Tá na hora.

João mandou um menino correndo pedir a mãe pra fazer café. Juca, ainda meio indeciso, acabou apeando. Amarrou o cavalo no esteio e ficou olhando os bezerros. Custou um pouco, acabou falando o que o olhar já tinha dito:

— Bezerrada boa a sua, né, Sebastião?

— Bem bonitos.

entretido: distraído.
perrengue: cansado, desanimado.
apeia: desce da montaria.
mamparra: preguiça ou descanso.

— Quanto vale um como este aqui?

— Sei não.

— Só um cálculo, assim por alto?

— Pra bezerro bom como esses, tou sem base.

— Mesmo um pouco pior, quanto vale?

— Ah, sô, é difícil falar.

— Não tem tido negócio por aí?

— Anda meio frio. Ostordia vendero uns por quatro conto.

— Tem muito tempo?

— Tem muito não — respondeu Juca de um jeito vago. Depois, pensando melhor, completou a informação, agora com toda certeza:

— Vou te contar que é um ostordia bem pequenininho, questão de dois mês.

Casos de Minas, de Olavo Romano. 9. ed. Rio de Janeiro: Editora Argumento, 2011.

- No livro, o autor Olavo Romano conta histórias populares do estado de Minas Gerais. Qual é sua opinião a respeito da linguagem dos personagens que aparecem no trecho apresentado?

2 Imagine que você precisará faltar na escola por uma semana e que, para conseguir essa autorização, terá de falar com o diretor. Como você falaria? Marque com um **X**.

- [ ] E aí, cara?! Tô precisando ficar fora por uns dias, beleza?
- [ ] Olá, tudo bem com o senhor? Precisarei ficar ausente por uma semana e vim pedir a sua autorização.

MEUS TEXTOS

Depoimento

Nesta Unidade, você viu que há vários tipos de medo: medo de lobo, de cachorro, de fantasma, de assombração, de bicho-papão e até medo do medo!

Que tal registrar o depoimento de pessoas que você conhece sobre esse assunto? Veja as etapas a seguir e prepare-se para fazer a exposição mais corajosa de todos os tempos!

Planejamento

1 Converse com diversas pessoas sobre os medos que elas sentiam quando eram mais novas e sobre os medos que sentem ainda hoje. Escreva abaixo as perguntas que você fará às pessoas.

____

____

____

____

- Durante as conversas, anote os depoimentos das pessoas.

Rascunho

2 Escolha três depoimentos de que você tenha gostado e escreva cada um deles em uma folha de papel sulfite.

Revisão

3 Antes que seus colegas leiam seu texto, revise-o.

	Sim	Preciso fazer/refazer
Usei adequadamente os verbos para indicar os tempos verbais?		
Registrei os depoimentos do modo como eles foram contados?		

4 Se você tiver aspectos para refazer, revise o texto e escreva a versão final dos depoimentos em folhas de papel sulfite.

- Para tornar seu texto mais atraente, faça desenhos ou cole figuras que estejam relacionados ao conteúdo.

Meu texto

Combine com seus colegas e seu professor um local da escola para a exposição dos depoimentos. Vocês podem inventar um nome para a exposição!

Fabiana Salomão/Arquivo da editora

ATIVIDADES DO CAPÍTULO

1. Sublinhe os verbos das frases abaixo e indique o tempo verbal.

a) Os mitos fazem parte da história das sociedades. ______

b) Os pais da Madalena me emprestaram a escada. ______

c) As pessoas tinham medo da praça da cidade. ______

d) Eu conheço muitas histórias. ______

e) Elas conversarão sobre o filme. ______

f) Eu tenho medo de errar as respostas das atividades. ______

g) Você virá para o espetáculo amanhã? ______

h) O que você será quando crescer? ______

2. Ligue as pessoas às falas mais adequadas para cada situação.

O *SHOW* FOI IRADO. CURTI PRA CARAMBA! VALEU PELO CONVITE!

OBRIGADA, MEU QUERIDO. ESTOU COMPLETANDO MAIS UMA PRIMAVERA!

VOCÊ ESTÁ COM UMA CÁRIE NO PRÉ-MOLAR INFERIOR. TEREI QUE FAZER UMA OBTURAÇÃO.

Ilustrações: PriWi/Arquivo da editora

3. Distribua os verbos do quadro na tabela abaixo.

comeram vestirão falaram vestiram comerão falarão

Verbo no passado	Verbo no futuro

4. Observe a capa do livro e responda às questões abaixo.

a) Quais informações aparecem na capa do livro?

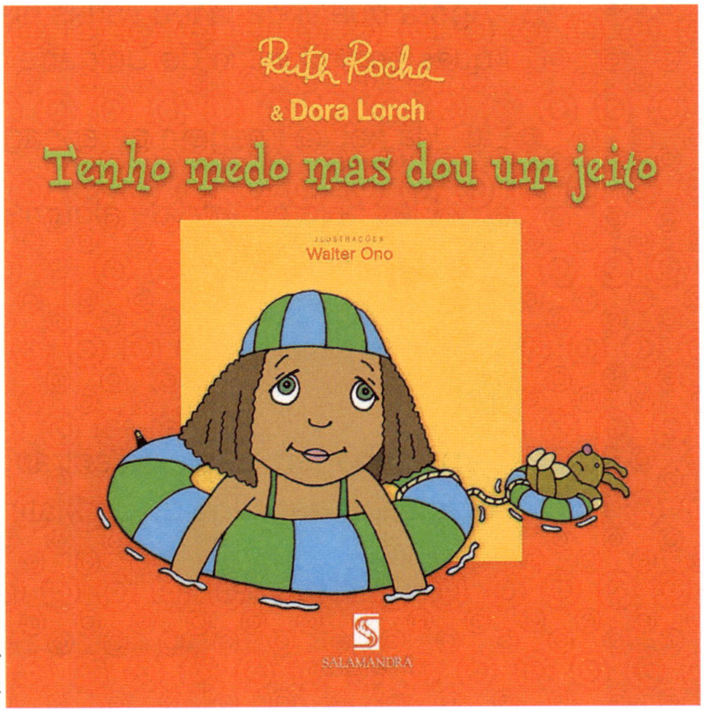

Tenho medo mas dou um jeito, de Ruth Rocha.
São Paulo: Salamandra: 2009.

b) Encontre os verbos que aparecem na capa. Estão em que tempo verbal?

O QUE APRENDI?

Filipe Rocha/Arquivo da editora

1. Agora que você já leu várias histórias, responda novamente a algumas questões do início da Unidade.

   a) Há nessa imagem personagens que você conhece? Quais?

   b) Eles fazem parte de alguma história específica?

   ____

   ____

2. A personagem que está entrando pela janela é a Matinta Pereira. Em sua opinião, faz sentido que a Matinta apareça no quarto dessa menina? Por quê?

   ____

   ____

   ____

3. Se a história dessa imagem fosse escrita, poderia se tornar:

   ☐ uma paródia. ☐ um conto de mistério. ☐ um depoimento.

4. Imagine que alguém tenha transformado essa história em um conto de mistério com este começo:

Rosinha adora ler histórias antes de dormir. Ela é capaz de ler até três histórias antes de pegar no sono! Certa noite, Rosinha decidiu ler apenas contos de mistério. E algo muito estranho aconteceu...

a) O apelido da menina termina com **-sinha**. Qual é o nome dela?

______

b) Circule no texto o pronome usado para evitar a repetição do nome **Rosinha**.

c) Sublinhe os verbos que aparecem no trecho. Há algum verbo que indique um fenômeno da natureza?

______

d) Acrescentamos outro personagem à história. Reescreva a primeira frase fazendo as adaptações necessárias.

Rosinha e seu irmão Carlos ______.

e) Reescreva a última frase do trecho usando um sinônimo para a palavra **estranho**.

______

______

MINHA COLEÇÃO DE PALAVRAS

Escreva, com suas palavras, o que você entende por:

- antônimo: ______

______

- variação linguística: ______

______

PARA SABER MAIS

LIVROS

Reprodução/Editora Cosac Naify

Reprodução/Editora Ática

As mentiras de Paulinho, de Fernanda Lopes de Almeida. São Paulo: Ática.

Paulinho é um menino que adora inventar histórias que, ao contrário do que os outros pensam, não são simples mentiras... mas sim outros tipos de verdade.

Diferente como Chanel, de Elizabeth Matthews. São Paulo: Cosac Naify.

Este livro conta a história de Gabrielle "Coco" Chanel, uma menina magricela e cheia de ideias diferentes que se transformou em uma grande estilista reconhecida até os dias de hoje.

Reprodução/Editora Companhia das Letrinhas

Editora do Brasil/Arquivo da Editora

Histórias de índio, de Daniel Munduruku. São Paulo: Companhia das Letrinhas.

Neste livro, o autor Daniel Munduruku nos presenteia com histórias, relatos, lendas e explicações sobre a cultura dos indígenas habitantes e seguidores das tradições das aldeias mundurukus.

Moiara, filha da terra, de Camila Tardelli e Thiery Maciel. São Paulo: Editora do Brasil.

Ao fazer um trabalho escolar, Moiara percebe que se sente diferente dos demais membros de sua família e quer saber mais sobre seu passado. Ao percorrer sua história, aprenderá sobre suas próprias raízes e ensinará uma importante lição sobre orgulho e respeito.

Reprodução/Editora Cosac Naify

Reprodução/Editora Brinque-Book

Hora de sair da banheira, Shirley!, de John Burningham. São Paulo: Cosac Naify.

Shirley é uma menininha muito esperta e criativa que transforma um simples banho de banheira em uma grande aventura.

Tico e os Lobos Maus, de Valeri Gorbachev. São Paulo: Brinque-Book.

Tico é um coelhinho espevitado, de imaginação fértil, que acorda assustado depois de ter um terrível pesadelo repleto de Lobos Maus. E agora? Como ele conseguirá superar o medo e voltar a dormir?

Reprodução/Editora Globo

Reprodução/Editora L&PM

111 poemas para crianças, de Sérgio Capparelli. Porto Alegre: L&PM.

Coletânea de poemas do autor Sérgio Capparelli, lançada para comemorar os vinte anos de publicação de seu primeiro livro de poesia para o público infantil.

Diário da Julieta, de Ziraldo. São Paulo: Globo.

O livro é uma coletânea de histórias em quadrinhos superdivertidas da Julieta, a menina maluquinha, mais uma personagem criada pelo escritor e cartunista Ziraldo.

VÍDEOS

Reprodução/Buena Vista

Gnomeu e Julieta, Kelly Asbury (Dir.). Estados Unidos: Imagem Filmes, 2011. Duração: 84 minutos.

A animação é uma paródia da peça teatral **Romeu e Julieta**, do inglês William Shakespeare. Gnomeu e Julieta são dois anões de jardim que deverão passar por muitos obstáculos e situações engraçadas para viver um amor proibido.

O estranho mundo de Jack, Tim Burton (Dir.). Estados Unidos: Walt Disney, 1993. Duração: 77 minutos.

Jack Skellington é o rei da cidade do Halloween e, como tal, é o maior provocador de sustos que se pode imaginar. Porém, cansado de abóboras e esqueletos, Jack resolve que vai trabalhar em uma outra grande festa: o Natal.

Reprodução/Walt Disney Pictures

SITES

Reprodução/
<www.angela-lago.net.br>

Angela Lago

<http://angela-lago.com.br/ABCD.html>. Acesso em: 7 jan. 2016.

Site da escritora e ilustradora mineira Angela Lago. Na página, os livros da autora ganham vida, dando a oportunidade ao jovem leitor de interagir com os personagens.

<http://chc.cienciahoje.uol.com.br/>
Arquivo da editora

Ciência Hoje das Crianças

<http://chc.cienciahoje.uol.com.br/>. Acesso em: 7 jan. 2016.

Site da revista **Ciência Hoje das Crianças**, destinada ao público infantil. Nele é possível encontrar notícias e reportagens sobre o mundo da ciência, sobre quadrinhos, jogos e muito mais.

BIBLIOGRAFIA

BAKHTIN, M. Os gêneros do discurso. In: *Estética da criação verbal*. São Paulo: Martins Fontes, 1992.

_________; VOLOCHÍNOV, V. N. *Marxismo e filosofia da linguagem*. São Paulo: Hucitec, 1995.

BEAUCHAMP, J.; PAGEL, S. D.; NASCIMENTO, A. R. do. *Ensino Fundamental de nove anos:* orientações para a inclusão da criança de seis anos de idade. Brasília: MEC/SEB, 2007.

BECHARA, E. *Moderna gramática portuguesa*. Ed. rev. ampl. e atual. conforme o novo Acordo Ortográfico. Rio de Janeiro: Nova Fronteira, 2009.

BRASIL. Ministério da Educação. Secretaria de Educação Básica. Instituto Nacional de Estudos e Pesquisas Educacionais. *Plano de Desenvolvimento da Educação:* Prova Brasil: Ensino Fundamental: Matrizes de referência, tópicos e descritores. Brasília, 2008.

_________. Ministério da Educação. Secretaria de Educação Básica. *Pró-Letramento:* Programa de Formação Continuada de Professores dos anos/séries iniciais do Ensino Fundamental: Alfabetização e Linguagem. Ed. rev. e ampl. Brasília, 2008.

_________. Ministério da Educação. Secretaria de Educação Fundamental. *Parâmetros Curriculares Nacionais (1ª a 4ª séries)*: Língua Portuguesa. Brasília, 1997.

CAGLIARI, L. C. *Alfabetizando sem o bá-bé-bi-bo-bu*. São Paulo: Scipione, 2009.

FERREIRO, E. et al. *Relações de (in)dependência entre oralidade e escrita*. Tradução de Ernani Rosa. Porto Alegre: Artmed, 2003.

_________. *Reflexões sobre alfabetização*. São Paulo: Cortez, 1985.

_________; TEBEROSKY, A. *Psicogênese da língua escrita*. Porto Alegre: Artmed, 1999.

FRANCHI I. *Pedagogia do alfabetizar letrando:* da oralidade à escrita. São Paulo: Cortez, 2012.

FREIRE, F. *A pedagogia do oprimido*. Rio de Janeiro: Paz e Terra, 1978.

ISAACS, G. *Bloom's Taxonomy of Educational Objectives*. Teaching and Educational, 1994.

KATO, M. (Org.). *A concepção da escrita pela criança*. Campinas: Pontes, 1988.

KLEIMAN, A. B. *Oficina de leitura*. Campinas: Pontes/Unicamp, 1993.

_________. *Texto e leitor*. Campinas: Pontes/Unicamp, 1989.

KOCH, I. V.; ELIAS, V. M. *Ler e compreender:* os sentidos do texto. São Paulo: Contexto, 2006.

MARZANO, R. J.; PICKERING, D. J. *Building Academic Vocabulary:* Teacher's Manual. Virginia: Association for Supervision and Curriculum Development, 2005.

MORTATI, M. R. L. *Alfabetização no Brasil:* uma história de sua história. Marília: Cultura Acadêmica, 2011.

RANGEL, E. de O.; BAGNO, M. *Dicionários em sala de aula*. Brasília: MEC/SEB, 2006.

ROJO, R. (Org.). *A prática da linguagem em sala de aula*. São Paulo: Educ; Campinas: Mercado de Letras, 2000.

SCHNEUWLY, B.; DOLZ, J. et al. *Gêneros orais e escritos na escola*. Tradução e organização de Roxane Rojo e Glaís Sales Cordeiro. Campinas: Mercado de Letras, 2004.

SILVEIRA, R. C. P. *Uma pronúncia do português brasileiro*. São Paulo: Cortez, 2008.

SOARES, Magda. *Alfabetização e letramento:* caminhos e descaminhos. Disponível em: <http://pt.scribd.com/doc/18892732/Artigo-Alfabetizacao-e-Letramento-Magda-Soares1>. Acesso em: 7 jan. 2016.

SOLÉ, I. *Estratégias de leitura*. Porto Alegre: Artmed, 1998.

TEBEROSKY, A. *Aprendendo a escrever*. São Paulo: Ática, 1994.

_________; TOLCHINSKY, L. *Além da alfabetização*. São Paulo: Ática, 1995.

VYGOTSKY, L. S. *Pensamento e linguagem*. São Paulo: Martins Fontes, 2003.

Projeto

LUMIRÁ

Língua Portuguesa 3

Caderno de Atividades

Aluno: ....

Escola: ....

editora ática

SUMÁRIO

Páginas 18-19 do livro

As sílabas **ca, co, cu** e **ce, ci**

1 No quadro há dez palavras com **ca**, **co**, **cu**, **ce** ou **ci**. Encontre essas palavras e circule-as.

P	C	I	N	E	M	A	T	A	D	L	Ó	U	M	J	K	E
N	B	N	U	T	O	C	C	S	A	E	C	S	T	O	R	I
U	A	Z	L	U	P	C	A	S	E	C	U	I	B	E	R	U
M	C	S	F	C	A	U	R	A	F	Z	L	I	H	C	B	E
R	I	T	I	D	M	E	R	C	A	D	O	E	D	O	C	E
P	A	N	I	S	V	C	L	E	S	B	S	O	I	R	E	R
A	E	K	E	P	C	A	B	I	D	E	N	U	M	U	T	M
K	A	V	L	W	R	X	D	C	U	C	E	R	E	J	A	O
O	U	K	Y	L	A	T	I	M	H	I	L	L	I	A	H	T
U	L	C	O	L	O	R	I	D	O	Y	N	D	I	U	S	P

- Escolha duas palavras que você descobriu e forme frases com elas.

____

____

____

____

2 Assinale **V** se a afirmação for verdadeira e **F** se for falsa.

☐ A letra **c** na palavra **paciência** representa som semelhante ao **ç** na palavra **palhaço**.

☐ A letra **c** antes das vogais **a**, **o** e **u** representa som diferente do **c** na palavra **celular**.

☐ A letra **c** sempre representa o mesmo som, independentemente da vogal que aparece depois dela.

Páginas 20-21 do livro

Divisão silábica e número de sílabas

1 Escreva o nome dos meios de transporte representados abaixo. Depois separe as sílabas de cada uma das palavras que você escreveu.

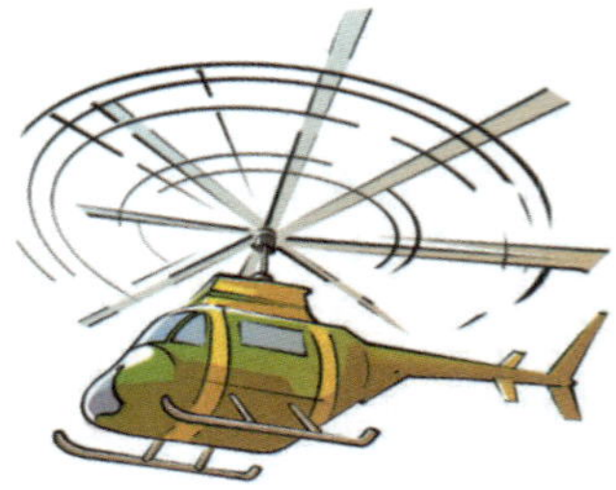

Ilustrações: Klayton Luz/Arquivo da editora

2 Distribua as palavras da atividade anterior nas colunas abaixo de acordo com o número de sílabas de cada uma delas.

Monossílabas	Dissílabas	Trissílabas	Polissílabas

3 Escreva mais três substantivos em cada uma das colunas da atividade anterior. Fique atento ao número de sílabas!

Páginas 26-27 do livro

Substantivo: comum e próprio

1 Distribua os substantivos do quadro abaixo nas colunas adequadas.

azul Cuiabá girassol Flávia cravo Ivo branco
Porto Alegre Manaus Leonardo vermelho margarida

Nomes de flores	Nomes de cores	Nomes de pessoas	Nomes de cidades

2 Assinale com um **X** o item que completa adequadamente cada frase.

a) Nomes de flores e nomes de cores são exemplos de substantivos:

☐ comuns. ☐ próprios.

b) Nomes de pessoas e nomes de cidades são exemplos de substantivos:

☐ comuns. ☐ próprios.

3 No quadro há três nomes de estados brasileiros e três nomes de pássaros. Circule com um lápis na cor  os substantivos comuns e com lápis na cor  os substantivos próprios.

T	I	T	O	C	A	N	T	I	N	S	S	I	T	A	A	P
E	P	U	O	E	R	A	H	E	R	G	I	U	I	U	S	C
C	D	O	S	P	E	R	I	Q	U	I	T	O	T	O	Q	G
Y	E	I	P	A	P	A	G	A	I	O	V	L	M	L	U	P
T	A	Q	A	E	V	R	L	U	P	T	P	S	I	S	U	M
L	A	T	P	A	R	A	N	Á	D	I	Z	C	E	A	R	Á
L	O	R	I	B	U	T	S	U	N	T	V	O	L	U	P	T

Páginas 40-41 do livro

Encontro de vogais: a/ai, e/ei, o/ou

1 Complete as palavras com **a**, **ai**, **e**, **ei**, **o** ou **ou**. Se for preciso, utilize um dicionário.

a) tes______ra
b) band______eja
c) laranj______ra
d) c______xa
e) l______ça
f) rap______z
g) po______ra
h) vass______ra
i) alcat______a
j) p______xão
k) profess______ra
l) ab______xar

2 Escreva o nome das figuras e depois circule as palavras que possuem **ai**, **ei** e **ou**.

____

Ilustrações: Klayton Luz/ Arquivo da editora

____

____

____

____

____

Páginas 46-47 do livro

Tipos de frase

1 Relacione as colunas conforme os tipos de frase.

A Frase declarativa afirmativa

N Frase declarativa negativa

E Frase exclamativa

I Frase interrogativa

( ) É verdade que ele não gosta de pudim?

( ) Meu pai é bibliotecário.

( ) Dançar é divertido!

( ) Ela não conhece o final da história.

( ) Eu nunca soube!

( ) Suzana é muito inteligente.

( ) Tem certeza de que não é possível?

( ) Nós não gostamos de geleia.

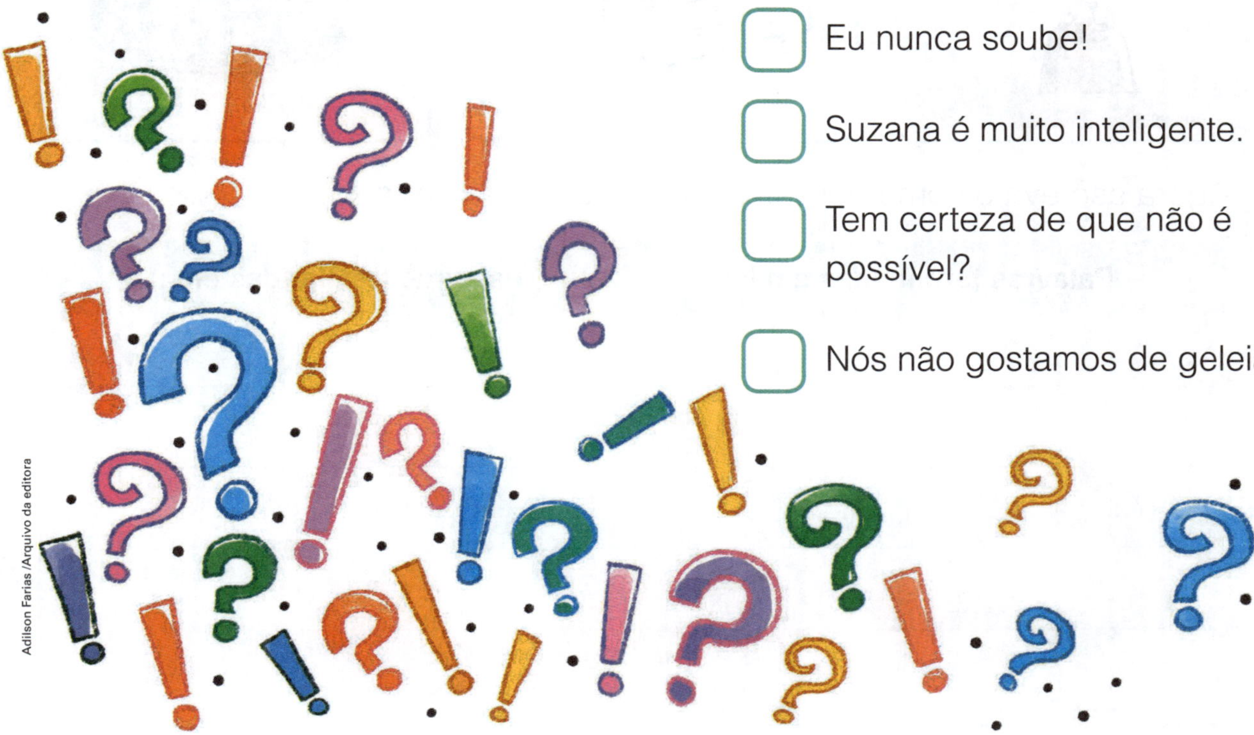

Adilson Farias /Arquivo da editora

2 Escreva uma frase, de acordo com os tipos indicados abaixo, sobre o que você costuma fazer nos fins de semana.

a) declarativa afirmativa: ______

b) declarativa negativa: ______

c) exclamativa: ______

d) interrogativa: ______

Páginas 56-57 do livro

Letras l e u

1 Observe as seguintes figuras.

Ilustrações: Klayton Luz/Arquivo da editora

a) Agora escreva o nome dessas figuras nas colunas abaixo.

Palavras terminadas em l	Palavras terminadas em u

b) Complete as colunas do item anterior com mais duas palavras.

2 Complete as palavras com **l** ou **u**. Se tiver dúvidas, consulte o dicionário.

a) pape______
b) ba______de
c) sai______
d) cé______
e) minga______
f) a______deia
g) funi______
h) túne______
i) festiva______
j) caca______
k) a______utógrafo
l) acontece______

Páginas 58-59 do livro

Vírgula em enumeração

1 Assinale com um **X** a frase que está pontuada corretamente.

☐ Minhas brincadeiras favoritas são mãe da rua amarelinha, esconde-esconde queimada e pular corda.

☐ O arco-íris tem estas cores: vermelho, laranja, amarelo, verde, azul, anil e violeta.

☐ Na viagem visitamos lugares como: o Arco do Triunfo, a Torre Eiffel o Museu do Louvre e a Catedral de Notre Dame.

2 Selecione algumas das palavras do quadro e complete a definição.

dois-pontos	hífen	finalizar	multiplicação
enumeração	separar	agrupar	

Os ______________________ servem para iniciar uma ______________________;
já a vírgula serve para ______________________ um item enumerado do outro.

3 Quais são suas brincadeiras prediletas? Escreva uma frase com elas utilizando a enumeração. Não se esqueça de usar a pontuação adequada.

____

____

____

____

____

____

____

____

____

Páginas 64-65 do livro

Dois-pontos e travessão

1 Escreva o diálogo da tirinha abaixo usando dois-pontos e travessão. Não se esqueça de criar as falas do narrador.

Disponível em: <www.monica.com.br/comics/tirinhas/tira161.htm>. Acesso em: 7 maio 2013.

- A tirinha da Magali faz uma brincadeira com o enredo de qual conto de fadas? Assinale com um **X**.

☐ A guardadora de gansos ☐ João e o pé de feijão

2 Assinale com um **X** apenas as afirmações corretas em relação ao uso de dois-pontos e travessão.

☐ O travessão é utilizado para indicar o início da fala de um personagem.

☐ Os dois-pontos são utilizados para introduzir a fala de um personagem.

☐ Nas narrativas, os diálogos não devem ser marcados com sinais de pontuação.

Páginas 80-81 do livro

Os sons representados pela letra r

1 Resolva a cruzadinha.

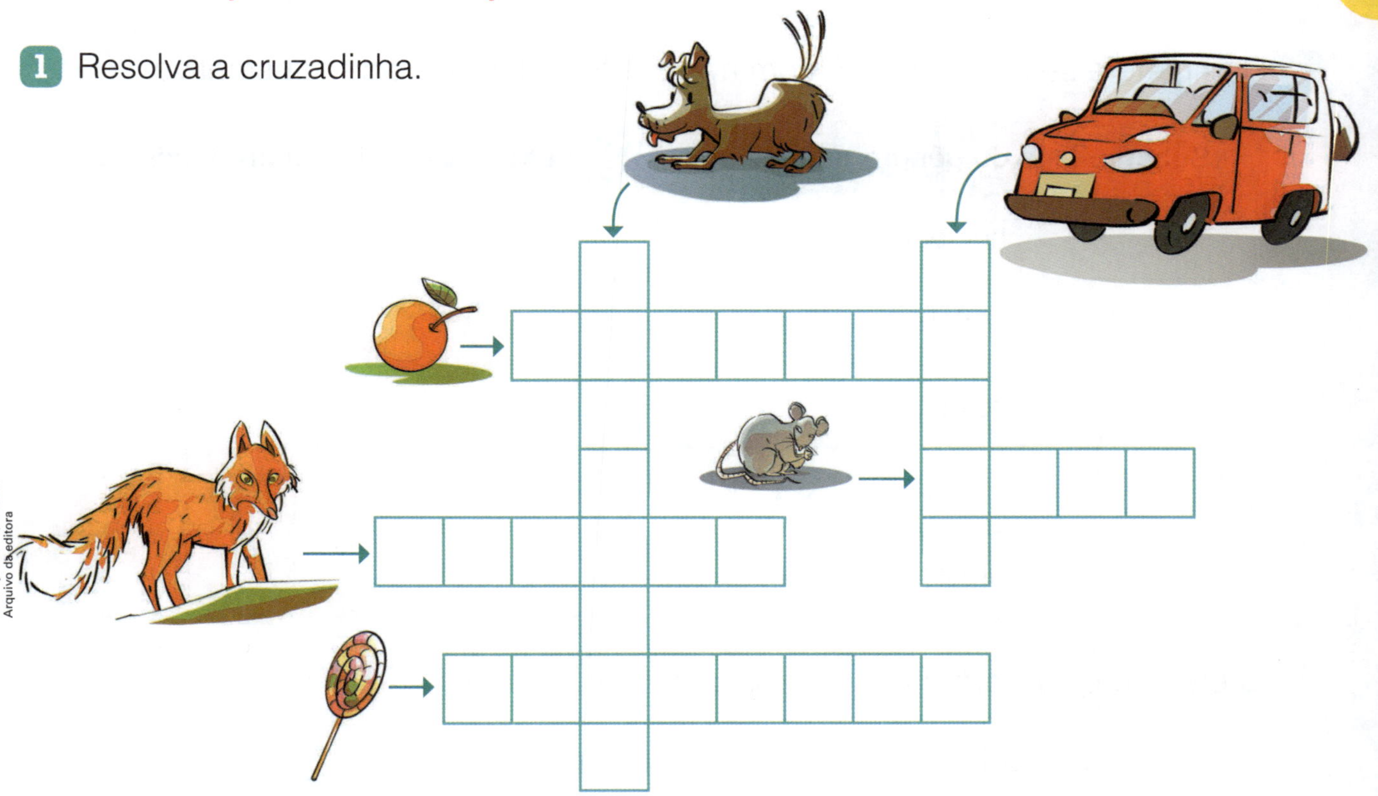

Ilustrações: Klayton Luz/ Arquivo da editora

2 Complete as colunas abaixo com as palavras que você escreveu na cruzadinha da atividade anterior.

r com som curto	r com som prolongado

3 Escreva **V** para as afirmações verdadeiras e **F** para as falsas.

- ☐ O **rr** aparece no início de palavras e representa som prolongado.
- ☐ A letra **r** em início de palavras sempre representa som prolongado.
- ☐ A letra **r** no meio de palavras pode representar tanto som curto quanto prolongado.

Páginas 82-83 do livro

Substantivo: masculino e feminino

1 Complete a segunda coluna com a forma feminina de cada substantivo.

Substantivos do gênero masculino	Substantivos do gênero feminino
homem	
cão	
professor	
leão	
irmão	

2 Escreva **o** ou **a** para cada um dos substantivos abaixo.

a) ______ borracha
b) ______ lapiseira
c) ______ apontador
d) ______ livro
e) ______ caderno
f) ______ lápis
g) ______ régua
h) ______ cola
i) ______ estojo
j) ______ caneta
k) ______ mochila
l) ______ tesoura

3 No quadro há seis nomes de profissões.

Circule com um lápis na cor  as profissões que estiverem no gênero masculino e com lápis na cor  as que estiverem no gênero feminino.

A	D	V	O	G	A	D	O	M	Q	G	A	M	E	P
L	R	I	P	E	D	R	E	I	R	O	R	É	C	E
Z	E	P	T	V	E	N	D	E	D	O	R	D	O	R
A	I	H	F	M	E	C	Â	N	I	C	A	I	H	U
J	N	C	D	W	M	O	R	A	N	G	O	C	I	C
B	I	B	L	I	O	T	E	C	Á	R	I	A	B	A

Páginas 86-87 do livro

Substantivo: singular e plural

1 Circule no quadro os substantivos que estão no singular e sublinhe os que estão no plural.

flores	estações	máquinas
plataforma	lâmpada	mural
porta	botões	brincos
cobertor	rádios	céu

2 Escreva:

a) um substantivo feminino no plural.

____

b) um substantivo masculino no singular.

____

c) dois nomes de fruta no singular.

____

d) um nome de animal no plural.

____

3 Escolha algumas palavras da atividade anterior e forme duas frases.

____

____

____

____

____

Páginas 96-99 do livro

Letras **x** e **ch**/Letras **g** e **j**

1 Complete as palavras a seguir com **x** ou **ch**.

a) _____imarrão
b) en_____ada
c) pai_____ão
d) _____uva
e) contrabai_____o
f) _____á
g) _____ocolate
h) _____ícara
i) _____erife
j) _____inelo
k) _____ão
l) ma_____ucado

Dica: sempre que precisar, procure no dicionário as palavras sobre as quais tiver dúvida.

2 Agora complete as palavras a seguir com **g** ou **j**.

a) ma_____estade
b) _____equitibá
c) _____iboia
d) _____ema
e) _____elatina
f) _____irino
g) _____irassol
h) ti_____ela
i) _____egue
j) _____iló
k) má_____ico
l) can_____ica

3 Resolva a cruzadinha escrevendo palavras com **x**, **ch**, **g** ou **j**.

Ilustrações: Klayton Luz/ Arquivo da editora

Páginas 102-103 do livro

Substantivo: aumentativo e diminutivo

1 Leia as frases abaixo e assinale apenas as afirmações corretas.

1 **Ontem as meninas jogaram o maior bolão!**

2 **Que grupinho mais egoísta.**

3 **Você viu como ele já está um meninão?**

4 **Era um papelzinho que cabia na palma da mão.**

- [ ] Em **1** o diminutivo está expressando o tamanho da bola.
- [ ] Na frase **4** o diminutivo expressa carinho.
- [ ] O diminutivo na frase **2** expressa desprezo.
- [ ] Em **3** o aumentativo expressa decepção.
- [ ] Na frase **3** o aumentativo expressa um elogio.

2 Complete as colunas seguindo os exemplos.

Grau diminutivo	Grau normal	Grau aumentativo
boquinha	boca	bocarra
	garrafa	
		casarão
macaquinho		
timinho		
		homenzarrão

Páginas 114-115 do livro

Letras li e lh

1 Observe as figuras abaixo.

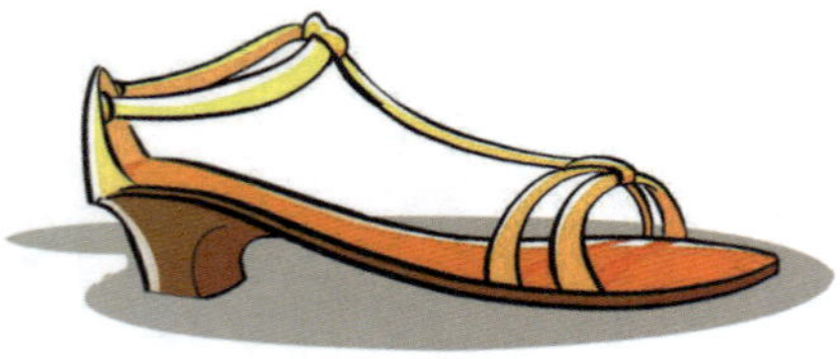

Ilustrações: Klayton Luz/Arquivo da editora

- Agora escreva o nome de cada figura na coluna adequada.

Palavras com li	**Palavras com** lh
____________	____________
____________	____________

2 Complete as palavras com **li** ou **lh**. Se precisar, use um dicionário.

a) agu_____a

b) a_____ança

c) cí_____os

d) ga_____o

e) famí_____a

f) grose_____a

g) fo_____a

h) conse_____o

i) mi_____o

j) mobí_____a

Páginas 116-117 do livro

Dígrafo

1 Complete as palavras do quadro com dígrafos. Depois faça as atividades a seguir.

______ocolate	i______a	mi______oca
pê______ego	______eijadi______a	agu______a
pi______ina	ama______ado	______eiroso
gali______eiro	pá______aro	de______endente

a) Agora escreva as palavras nas linhas abaixo separando as sílabas.

______________ ______________ ______________

______________ ______________ ______________

______________ ______________ ______________

______________ ______________ ______________

b) Distribua as palavras nas colunas abaixo.

Palavras com dígrafos que se separam	Palavras com dígrafos que não se separam

Páginas 122-123 do livro

Artigo

1 Leia os substantivos abaixo e preencha os espaços com o artigo que julgar mais adequado.

a) ________ casa
b) ________ morango
c) ________ festas
d) ________ panela
e) ________ graveto
f) ________ avental
g) ________ sandálias
h) ________ sofás
i) ________ gatos
j) ________ porta
k) ________ carrossel
l) ________ lâmpadas

2 Escreva **V** quando a alternativa for verdadeira e **F** quando for falsa.

- [ ] São artigos definidos: **a**, **o**, **as**, **os**.
- [ ] São artigos indefinidos: **uma**, **umas**, **um**, **uns**.
- [ ] Os artigos indefinidos dão ideia de precisão, de certeza e são usados para indicar coisas ou seres conhecidos da pessoa que fala ou escreve.
- [ ] Os artigos definidos indicam coisas ou seres determinados.

3 Escreva os artigos que antecedem os substantivos abaixo.

________ Batman

________ cozinheiro

Ilustrações: Klayton Luz/Arquivo da editora

________ Mulher Maravilha

________ crianças

Páginas 138-139 do livro

Os sons representados pela letra x

1 Ligue as palavras em que a letra **x** representa som semelhante.

exato	explicação
xícara	táxi
trouxe	próximo
tórax	exibido
expectativa	enxame

2 Decifre o enigma para completar as frases... Ou complete as frases e decifre o enigma!

Dica: todas as palavras são escritas com **x**, mas ele representa um som diferente em cada uma delas.

a) O contrário de **mínimo** é ____________________.

b) Tem escamas, nadadeiras e vive na água. É o ____________________.

c) É vermelho, cilíndrico e usado para apagar incêndios. É o ____________________.

3 Encontre no quadro 12 palavras com a letra **x**.

A	N	B	Y	Q	A	M	M	Y	T	E	X	T	O	D	T	S	A	E	A
D	P	D	X	E	R	E	T	A	A	B	T	Á	S	I	R	O	Q	X	Y
Y	T	G	R	X	V	X	A	I	R	S	P	X	A	E	O	A	R	T	P
T	F	V	F	P	Y	I	W	N	A	V	A	I	X	I	U	M	H	R	Q
A	I	I	R	O	P	C	O	A	U	X	Í	L	I	O	X	L	Y	A	R
G	X	N	S	R	F	A	E	X	É	R	C	I	T	O	E	A	F	R	V
U	O	I	A	T	T	N	E	S	A	X	O	F	O	N	E	Q	H	O	N
W	Y	V	B	O	H	O	A	N	E	X	T	R	A	P	O	L	A	R	Q

Páginas 140-141 e 146-147 do livro

Adjetivo/Adjetivo pátrio

1 Escreva uma legenda usando pelo menos um adjetivo para cada uma das figuras representadas abaixo.

Monkey Business Images/Shutterstock

Anneka/Shutterstock

______________________ ______________________

In Green/Shutterstock

Olesya Kuznetsova/Shutterstock

______________________ ______________________

2 Complete as frases com os adjetivos pátrios correspondentes.

a) Olga nasceu na Alemanha. Ela é ______________________.

b) Maurício nasceu no estado do Rio de Janeiro. Ele é ______________________.

c) David nasceu na Austrália. Ele é ______________________.

d) Lucas nasceu no estado do Pará. Ele é ______________________.

3 Complete o texto abaixo com os seus dados pessoais.

Meu nome é ______________________ e o nome do país em que nasci é ______________________. O município em que eu nasci se chama ______________________ e pertence ao estado de ______________________. Então eu sou ______________________ e ______________________.

Páginas 158-159 do livro

Concordância: artigo, substantivo e adjetivo

Leia as frases abaixo e faça o que se pede.

1 Os garotos que conheci são muito inteligentes.

2 As minhas tias cariocas não vivem no Rio de Janeiro, elas se mudaram para São Paulo.

3 Aquela lâmpada está queimada.

4 O computador novo funcionou bem.

5 O aluno responsável fez a tarefa de casa.

a) Reescreva a frase **1** passando o substantivo para o feminino singular.

____

____

b) Reescreva a frase **2** passando o substantivo para o masculino singular.

____

____

c) Reescreva a frase **3** passando o substantivo para o plural.

____

____

d) Reescreva a frase **4** passando o substantivo para o plural.

____

____

e) Reescreva a frase **5** passando o substantivo para o feminino plural.

____

____

Páginas 156-157 e 162-163 do livro

Letras **m** e **n**/Som nasal

1 Assinale com um **X** a afirmação **incorreta**.

- [ ] A letra **m** pode aparecer no final de palavras.
- [ ] Usa-se **m** antes de **p** e **b**.
- [ ] A letra **n** antecede apenas as letras **d** e **b**.
- [ ] A letra **n** pode aparecer no final de algumas palavras do nosso idioma.

- Por que a afirmação que você assinalou está incorreta?

____

____

2 Consulte as colunas do banco de palavras para resolver a cruzadinha.

4 letras	5 letras	6 letras
maçã	campo	bombom
órfã	pente	pincel

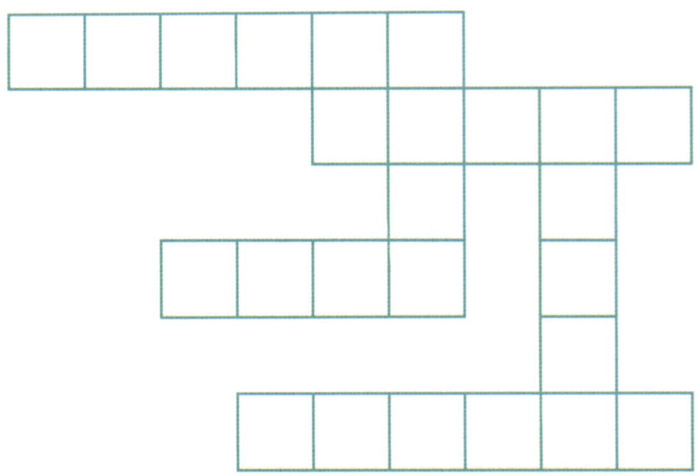

- Distribua as palavras da cruzadinha nas colunas abaixo.

Palavras com a letra m **em final de sílaba**	**Palavras com a letra** n **em final de sílaba**	**Palavras com** til **(~)**

Páginas 172-173 do livro

A letra c e o ç

1 Complete as palavras abaixo com **c** ou **ç**.

a) a______erola
b) ______olorido
c) polui______ão
d) ______anela
e) pa______oca
f) a______idente
g) ______ue______a
h) a______ú______ar
i) ______inema
j) ______oelho
k) ______amisa
l) ó______ulos

2 Encontre no quadro dez palavras com a letra **c** ou com o **ç**.

S	E	C	Z	U	I	S	V	O	L	U	P	T	H	O	M	N	X	A	M
I	L	O	F	F	I	Y	A	P	O	Q	U	I	D	D	U	C	C	L	E
T	M	I	N	A	N	R	C	O	G	U	S	X	O	E	P	F	E	G	I
T	O	T	O	C	E	M	U	S	C	U	L	A	Ç	Ã	O	U	M	T	U
R	M	A	L	I	P	T	M	R	E	V	E	R	U	N	Ç	I	I	M	O
S	N	D	N	M	S	T	U	U	M	D	U	N	R	U	O	A	T	R	V
U	I	O	C	E	B	O	L	I	N	H	A	S	A	S	B	A	É	E	R
O	R	K	M	N	G	N	A	T	L	I	W	U	I	S	N	E	R	E	X
P	E	L	L	T	S	E	R	C	A	B	E	L	U	D	O	E	I	D	O
L	L	O	R	O	E	I	C	I	A	P	A	R	C	H	I	A	O	U	R
Q	U	A	S	V	I	O	L	Ê	N	C	I	A	I	S	T	N	M	A	X
I	N	M	I	L	S	P	E	W	D	I	C	I	S	I	N	C	I	S	Z

3 Leia as afirmações abaixo e escreva **V** para as verdadeiras e **F** para as falsas.

☐ Algumas palavras iniciam com o **ç**.

☐ A letra **c** antes das vogais **e** e **i** representa o mesmo som que o **ç**.

☐ A letra **c** antes das vogais **a**, **o** e **u** representa o mesmo som que o **ç**.

☐ A letra **c** antes das vogais **e** e **i** representa o mesmo som que na palavra **cérebro**.

Páginas 182-183 do livro

Substantivos coletivos

1 Complete as frases com os coletivos dos substantivos em destaque.

a) Ele adora ver **estrelas** e até conhece nomes de ______________________.

b) Ela ganhou tantos **livros** no aniversário de doze anos que poderia montar uma ______________________.

c) Havia tantos **músicos** no grupo de amigos que eles pensaram em montar uma ______________________.

d) Os **bois** percorreram todo o caminho em silêncio. Ninguém percebeu que a ______________________ passou.

e) Os **jogadores** estavam desanimados e queriam desfazer o ______________________.

2 Observe os substantivos do quadro e depois complete a cruzadinha com os coletivos correspondentes.

1. cães **2.** flores **3.** cebolas **4.** camelos **5.** aviões

					1						
		2			M						
					A						
	3				T						
					I						
4					L						
					H						
5					A						

Páginas 196-197 do livro

As terminações -inho(a), -sinho(a) e -zinho(a)

1 Encontre nove palavras no diminutivo no quadro abaixo.

C	L	M	O	I	S	E	R	L	O	U	S	I	N	H	A	R	U
A	Q	U	C	A	R	R	I	N	H	O	O	L	O	E	R	O	E
S	E	B	O	N	E	Q	U	I	N	H	A	S	E	C	P	S	G
I	U	E	I	P	S	A	M	Ã	O	Z	I	N	H	A	O	I	R
N	C	A	F	E	Z	I	N	H	O	O	E	S	Q	K	I	N	E
H	M	R	A	P	Ã	O	Z	I	N	H	O	U	T	R	I	H	N
A	T	U	M	O	P	O	R	T	I	N	H	A	I	O	E	A	R

2 Escreva o diminutivo das palavras abaixo.

a) pai: ______________________

b) mesa: ______________________

c) irmão: ______________________

d) blusa: ______________________

e) sofá: ______________________

Klayton Luz/Arquivo da editora

3 Escreva frases com:

- um substantivo no diminutivo terminado em **-inho(a)**.

____

- um substantivo no diminutivo terminado em **-sinho(a)**.

____

- um substantivo no diminutivo terminado em **-zinho(a)**.

____

Páginas 198-199 do livro

As letras **s** e **z** em final de palavra

1 Complete as palavras com **s** ou **z**. Se tiver dúvidas, consulte o dicionário.

a) rapa______
b) xadre______
c) mê______
d) cicatri______
e) lápi______
f) francê______
g) burguê______
h) imperatri______
i) matri______
j) japonê______
k) marquê______
l) jui______
m) chafari______
n) nitide______
o) gi______
p) siamê______

2 Organize os quadradinhos e escreva as palavras formadas.

a) [tu] [guês] [por]: __________________
b) [dres] [Lon]: __________________
c) [mi] [ti] [dez]: __________________
d) [diz] [a] [pren]: __________________
e) [po] [cam] [nês]: __________________
f) [in] [liz] [fe]: __________________
g) [dês] [lan] [ho]: __________________
h) [mais] [de]: __________________

3 Releia as palavras das atividades 1 e 2 e responda: o que há em comum entre as letras **s** e **z** nessas palavras?

____

____

Páginas 204-205 do livro

Pronomes pessoais

1 Assinale com um **X** o pronome pessoal que substitui adequadamente os termos em destaque nas frases.

a) Aqui em casa, **eu e meu irmão** gostamos de ler poemas.

☐ tu ☐ eu ☐ nós

b) Será que **Marina** vai à festa?

☐ ela ☐ elas ☐ vós

c) Nossa, **seu amigo João** é muito rápido!

☐ eles ☐ ele ☐ tu

d) Todo mundo sabe que **Roberta e seu pai** adoram pescar.

☐ elas ☐ nós ☐ eles

2 Reescreva as frases abaixo trocando os pronomes pessoais em destaque por outras palavras que sejam adequadas ao contexto. Utilize, por exemplo, substantivos próprios, substantivos comuns ou outros pronomes pessoais.

a) **Nós** gostamos de praticar natação.

____

b) **Elas** gostam de pintar.

____

c) **Ele** mora em Brasília.

____

d) **Nós** nunca lemos o livro.

____

e) **Eles** são espertos.

____

Páginas 216-217 do livro

A letra s e o ss

1 Observe as figuras e resolva a cruzadinha escrevendo palavras com **s** ou **ss**.

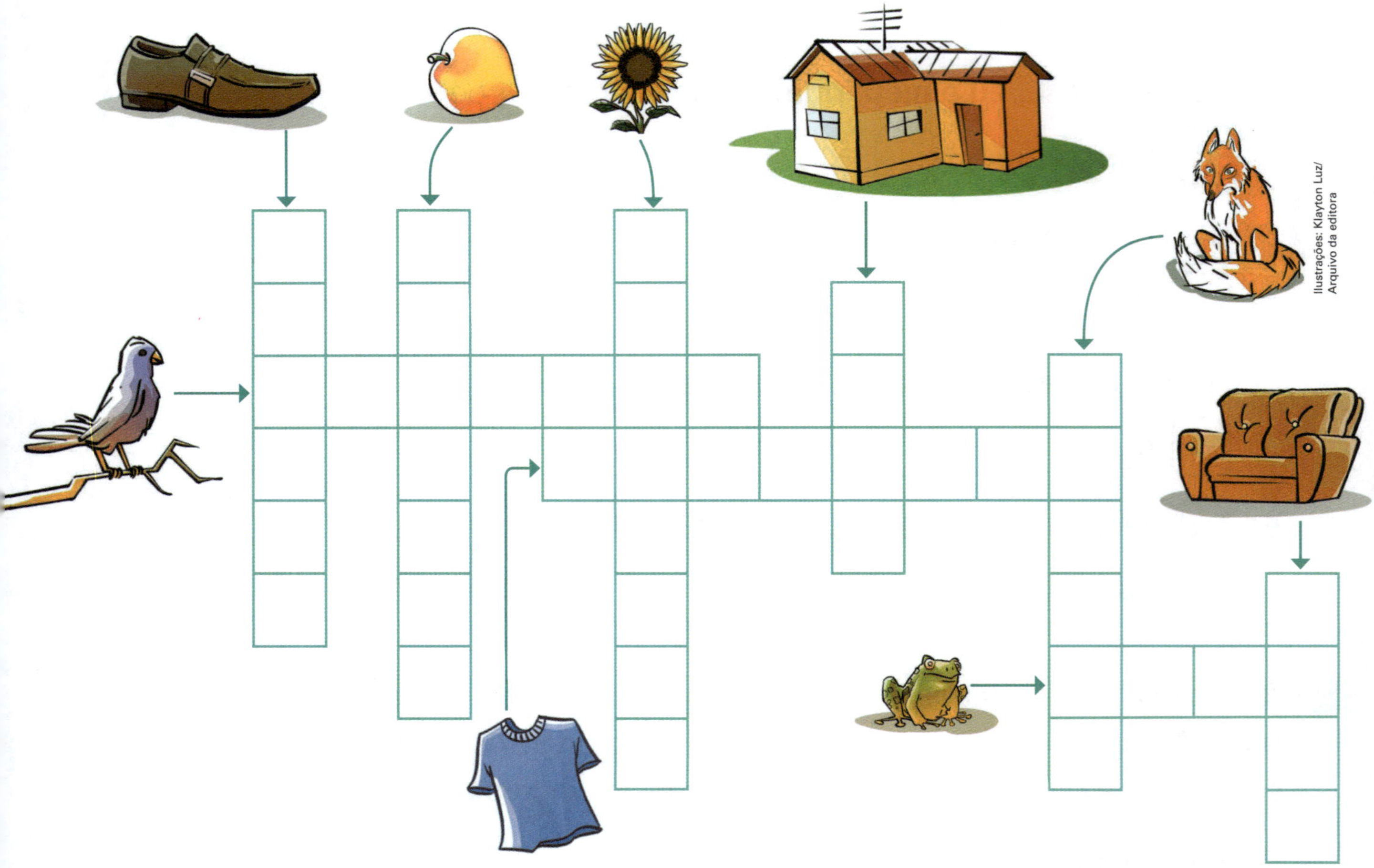

Ilustrações: Klayton Luz/ Arquivo da editora

2 Preencha as colunas abaixo com as palavras da atividade anterior.

Palavras com s no início	Palavras com s entre vogais	Palavras com ss

3 Escolha duas palavras da atividade anterior e forme uma frase com cada uma.

Páginas 218-219 do livro

Sinônimo e antônimo

1 Escreva um **sinônimo** para cada uma das palavras abaixo. Se precisar, use o dicionário.

a) bacana: ______________________

b) edifício: ______________________

c) riqueza: ______________________

d) podre: ______________________

e) sujo: ______________________

f) menina: ______________________

2 Reescreva as frases abaixo trocando as palavras em destaque pelo **antônimo** correspondente.

a) Felipe adotou um cachorrinho **bravo**.

____

____

b) Que dia mais **bonito**!

____

____

c) Não consigo estudar em ambientes **silenciosos**.

____

____

d) Será que a prova vai estar **difícil**?

____

____

e) Que **caras** estão as bananas!

____

____

Páginas 226-227 do livro

Verbo

1 Distribua os verbos do quadro abaixo nas colunas adequadas.

correr pular chorar gritar chover nevar
ventar sentir estar ser permanecer

Verbos que indicam ação	Verbos que indicam estado	Verbos que indicam fenômenos da natureza

2 Escreva uma frase com o verbo que melhor representa as ações indicadas em cada uma das imagens abaixo.

Ilustrações: Klayton Luz/Arquivo da editora

Páginas 236-239 do livro

Uso de **am** e **ão**/Tempos verbais

1 Assinale com um **X** o tempo verbal das palavras em destaque em cada frase.

a) Eu **quero** viajar para Manaus.

☐ passado ☐ presente ☐ futuro

b) Eu **fui** ao médico.

☐ passado ☐ presente ☐ futuro

c) Eles **voltarão** mais bronzeados da praia.

☐ passado ☐ presente ☐ futuro

d) Amanhã você **terá** de acordar mais cedo.

☐ passado ☐ presente ☐ futuro

e) Eles **brincaram** até cansar.

☐ passado ☐ presente ☐ futuro

f) Eu **sou** muito alegre.

☐ passado ☐ presente ☐ futuro

2 Escreva uma frase com:

a) o verbo **estudar** no presente.

____

b) o verbo **estudar** no passado.

____

c) o verbo **estudar** no futuro.

____

Páginas 246-247 do livro

Variação linguística

1 Observe as situações representadas nas imagens abaixo.
Assinale com um **X** aquela em que geralmente é utilizada uma linguagem **mais formal**.

Monkey Business Images/Shutterstock

Pressmaster/Shutterstock

- Agora crie falas para os personagens representados em cada imagem, levando em consideração a situação em que se encontram.

Imagem 1	**Imagem 2**

2 Imagine que você vá fazer uma festa em sua casa. Em seu caderno:

a) escreva uma mensagem convidando seus amigos para a festa.

b) escreva uma mensagem convidando os pais de seus amigos para a festa.